가족치료관점에서 본
성경의 가족이야기

| 심수명 |

Adam
Abraham
Noa
Jacob
Saul
Jesse
David
Micha
Samson
Prodigal brother
Martha-Maria

DSU
Daseum Publishing
도서출판다세움

시작하는 글

하나님은 모든 사람이 행복한 가족으로 살기 원하시는데 이런 가족은 어떻게 만들어지는 것일까?

나는 가족의 아픔이 있는 사람이었기 때문에 자연스럽게 이 문제에 대해 연구하게 되었다. 그리고 성경에 나오는 믿음의 조상들을 살펴보며 그들의 관계 속에도 깊은 아픔과 고통이 있는 것을 보게 되었다. 안타깝게도 인간의 가족사는 사랑하면서도 자기중심적으로 이용하고 희생을 요구하며 죽이는 관계의 대물림이 있었다.

인류 최초의 부부인 아담과 하와는 범죄하기 이전에는 너무 순수하고 뜨겁게 사랑하는 사이였다. 하지만 슬프게도 하나님이 금하신 선악과를 따 먹고 타락하자마자 자기만 살기 위해 발버둥 치며 그 책임을 남에게 전가하였다. 또한 그들의 아들인 가인은 동생 아벨을 시기하여 살인자가 되었다.

믿음의 조상 아브라함은 살아남기 위해 아내를 누이라고 속여 팔아 넘겼다. 요셉의 형제들도 요셉을 학대하고 죽이려 했으며 끝내 그를 노예로 팔아 버렸다. 다윗은 하나님을 전적으로 의지한 이스라엘 역사상 가장 위대한 통치자였지만, 자기 딸이 근친상간당하는 걸 막지 못했고, 사후처리를 잘 하지 못하여 아들 압살롬이 행하는 살인과 반역으로 고통을 겪게 되었다.

이 외에도 성경에는 가족 내의 불행한 사건들을 여과 없이 우리들에게 이야기하고 있는데, 이것은 우리에게 교훈을 주기 위함이다.

위대한 성경 인물들도 가족에 있어서는 많은 어려움과 문제들을 가지고 있었다. 우리는 이러한 사실에 놀라면서도 또 한편 그들의 이야기가 현재 우리 가족과 비슷하다는 점에서 많은 생각을 하게 된다.

왜 가장 소중한 관계인 가족 안에서 이런 일들이 일어나는가?

그것은 인간이 본성적으로 타락한 죄인이기 때문이다. 죄인인 우리들은 본능적으로 자기중심적이며 이기적으로 사람을 이용한다. 거절당하지 않을 것이라는 느낌이 들고, 가까운 사이일수록(부모-자녀 관계, 부부관계에서) 더 요구하고, 더 이용하고 싶은 욕구가 일어나는 것은 인간의 죄성 때문인 것이다. 그래서 일반적인 관계보다 서로 사랑하는 사이에서 더 많은 갈등과 고통을 겪게 되는 것이다.

원래 가족은 하나님께서 우리를 행복하게 하시려고 만든 하나님의 작품이었다. 하나님이 의도하신 가족은 서로 돕고 행복한 관계를 유지하며 사는 것이었다. 그런데 우리는 하나님께서 제정하신 부부관계나 가족관계의 원리와 방법을 잘 몰라서 순종하지 못했고, 알아도 죄와 욕망의 지배를 받아 불행한 삶을 살 때가 많은 것이다. 하나님이 창조한 원리대로 살지 않을 때 인간의 삶은 엉망이 되고 만다.

그러므로 우리가 행복한 가족을 이루며 살려면 하나님이 정해주신 뜻이 무엇인지 처절할 정도로 연구하고 준비해야 한다. 그리고 그 뜻과 원리에 따라 살기 위해 '자기 부인'이라는 거룩한 싸움을 잘 감당해야 한다. 원리를 적용하는 것은 시대와 환경에 따라 조금씩 차이가 있겠지만, 원래 하나님이 의도하신 뜻대로 살아간다면 우리 가족은 분명 행복하고 건강한 삶을 살 수 있게 될 것이다. 이것이 바로 행복하고 건강한 가족이 걸어가야 할 방향성이다.

우리들은 모든 삶의 방향성을 말씀 안에서 찾아야 한다. 그 후 그 방향성에 따라 구체적인 방법을 배우고 훈련해야 한다. 나는 삶의 모든 해결책은 말씀 안에 있다는 것에 대해서 분명히 알고, 믿고 있다. 그러나 그 길을 가는 구체적인 방법에 대해서 제시해주는 사람이 없어서 오랫동안 고민해 왔다.

나는 학문의 길을 걸어가면서 원리는 말씀 안에서 찾고, 구체적인 방법에 대해서는 깊이 숙고하고 연구하면서 그 해결책을 찾고자 하였다. 그래서 행복한 부부관계를 위해서는 『한국적 이마고 부부치료(다세움, 2013년)』를 통해 그 원리와 방법을 제시하였다. 그리고 부모-자녀 관계에 대해서는 『위대한 부모 위대한 자녀(다세움, 2012년)』에서 부모가 자녀를 어떻게 양육해야 하는지 그 원리와 방법들을 자세히 다루었다.

이번에는 하나님께서 원하시는 가족관계가 무엇인지, 성경적인 원리에 기초를 두고, 가족치료적 관점에서 건강한 가족구조가 어떠해야 하는지 제시하려고 노력하였다. 그래서 그 방법으로 성경에 등장한 가족이 어떤 문제가 있는지, 그 원인과 증상을 살펴보고 그에 맞는 해결책과 대안을 현재의 가족치료적 학문과 연관 지어 생각해보았다.

루이스 캐럴의 책 "이상한 나라의 앨리스"를 보면 길을 물으면서 어디로 가는지 모르는 앨리스에게 고양이는 "어디로 가는지 모르면 아무데도 갈 수 없다."고 말한다. 아주 명확한 답변이라고 생각한다. 우리는 왜 살아야 하는지, 왜 공부해야 하는지, 왜 돈을 벌어야 하는지도 모른 채 살아갈 때가 있다. 이것은 너무 불행한 일이다.

진정으로 행복하고 탁월한 삶은 예수님의 십자가에 기초한 삶이어야 한다. 그것은 "내가 무엇이 되어야 한다."가 아니라 "(하나님을 위해, 남을 위해, 내 가족을 위해) 내가 무엇이 되어야 하며 어떻게 살아야 하는가?"의 삶을 사는 것이다. 우리 인생은 모두 다 하나님이 주신 것이다. 그러므로 섬기고 나눈다면 내가 가진 모든 것이 하나님이 주신 선물이었음을 깨닫게 된다.

하나님께서 이 땅에 나를 보내신 소명이 무엇인지를 찾고, 알고, 기억하며 사는 사람은 어느 관계에서든 행복한 삶을 살아갈 수 있다. 행복하고 기쁨이 넘치는 가족, 그리고 건강한 가족은 힘들고 어려운 일이 닥쳐도, 그 가운데에서도 사랑으로 고난과 역경을 잘 극복해나갈 수 있는 힘을 가지고 있다.

나는 이 글을 읽는 독자들 뿐 아니라 한국의 모든 그리스도인 가정들이 현재 자신들의 가족이 가지고 있는 문제점이 무엇인지 분명하게 이해하고 수용할 수 있기를 바란다. 그리고 그 문제를 가지고 하나님 앞에 나아가 은혜를 구하며 자유와 회복의 길을 걷기를 축복한다.

가족 안에 아무리 많은 문제들이 있어도 하나님의 은혜 속에 치유되어지면 그 과정 속에서 얻은 지혜와 성숙의 경험들이 남을 돕는 귀한 일에 쓰일 것이다. 이 교재로 인해 하나님이 기뻐하시는 가족관계가 온전히 세워지길 소망한다.

2018년 10월에
하나님의 가족 심수명

목차

1부 성경 속의 가족이야기

시작하는 글 …… 2

1. 아담 부부 : 책임을 전가하는 부부 …… 10

2. 아브라함 부부 : 위기에 무너진 부부 …… 24

3. 노아 가족 : 거절감을 주는 부모 …… 39

4. 야곱 가족 : 편애하는 부모 …… 59

5. 사울 가족 : 공격하는 부모 …… 72

6. 이새 가족 : 방치하는 부모 …… 90

7. 다윗 가족 : 혼란을 주는 부모 …… 105

8. 미가 가족 : 과잉보호하는 부모 …… 122

9. 독자 삼손 : 독자의 외로움 …… 139

10. 형과 탕자 : 형제간 갈등 …… 152

11. 마르다와 마리아 : 자매간 질투 …… 175

2부 가족치료관점에서 본 건강한 가족

1. 친밀한 부부관계 194

2. 이마고를 알고 의식화하는 부부 200

3. 좋은 대상이 되어주는 엄마 207

4. 가족 체계가 안정적인 가족 214

5. 경계가 분명한 가족 222

6. 분화가 잘되어 있는 가족 229

7. 상호 존중하는 가족 237

8. 의사소통이 잘되는 가족 243

9. 기능이 잘되는 가족 250

10. 합리적인 규칙과 훈계가 있는 가족 259

11. 갈등을 해결하는 가족 266

12. 성경적 가치관을 내면화하는 가족 279

맺는말 284

참고문헌 286

1부
성경 속의 가족이야기

성경 속에는 여러 가족 이야기가 나온다. 여기에서는 성경에 나오는 가족 중 열한 가족의 이야기를 살펴보고 그 가족의 문제는 무엇인지 생각해보고자 한다. 그리고 어떻게 해결해야 하는지 적용점을 찾아보려 한다. 여러 가족의 예를 보며 우리 가족과 유사한 점이 있다면 어떻게 극복해야 하는지 구체적으로 함께 대안을 찾아보자.

1. 아담 부부 : 책임을 전가하는 부부

2. 아브라함 부부 : 위기에 무너진 부부

3. 노아 가족 : 거절감을 주는 부모

4. 야곱 가족 : 편애하는 부모

5. 사울 가족 : 공격하는 부모

6. 이새 가족 : 방치하는 부모

7. 다윗 가족 : 혼란을 주는 부모

8. 미가 가족 : 과잉보호하는 부모

9. 독자 삼손 : 독자의 외로움

10. 형과 탕자 : 형제간 갈등

11. 마르다와 마리아 : 자매간 질투

01 아담 부부
책임을 전가하는 부부

창세기 3:6-10

6 여자가 그 나무를 본즉 먹음직도 하고 보암직도 하고 지혜롭게 할
  만큼 탐스럽기도 한 나무인지라 여자가 그 열매를 따먹고 자기와 함
  께 있는 남편에게도 주매 그도 먹은지라

7 이에 그들의 눈이 밝아져 자기들이 벗은 줄을 알고 무화과나무 잎을
  엮어 치마로 삼았더라

8 그들이 그 날 바람이 불 때 동산에 거니시는 여호와 하나님의 소리
  를 듣고 아담과 그의 아내가 여호와 하나님의 낯을 피하여 동산 나
  무 사이에 숨은지라

9 여호와 하나님이 아담을 부르시며 그에게 이르시되 네가 어디 있느냐

10 이르되 내가 동산에서 하나님의 소리를 듣고 내가 벗었으므로 두려
  워하여 숨었나이다

서로 죄(책임)를 전가하는 아담과 하와

하나님께서는 에덴동산을 완벽하게 준비해 놓으신 후에 아담과 하와를 창조하셨다. 그리고 아담과 하와에게 이 땅의 모든 것을 다 허락하셨으나 단 하나, 선악을 알게 하는 나무 열매는 먹지 말라고 하셨다(창 2:16-17).

그런데 하와가 뱀의 꼬임에 넘어가서 그 열매를 먹고 말았다. 그리고 자기만 먹은 것으로 끝나지 않고 남편에게도 주어서 먹게 했다. 하나님이 금하신 열매를 먹은 두 사람은 하나님을 두려워하여 나무 사이에 숨었다.

범죄한 이들 부부에게 하나님께서 찾아오셨다. 아담과 하와는 범죄하기 전까지 하나님의 음성을 듣는 것이 행복이고 기쁨이었다. 그러나 범죄한 그 순간부터 하나님을 만나는 것이 무섭고 두려워 피하고 싶어 하였다. 범죄한 이들 부부는 자신의 죄를 숨기고 싶은 두려움과 죄책감 때문에 회개하기보다는 변명으로 일관할 수밖에 없었다.

하나님은 범죄한 두 사람을 불쌍히 여기사 버려두지 않고 찾아오셔서 일의 자초지종을 들으시고 하나하나 문제를 해결해 가신다. 무엇보다 아담에게 먹지 말라고 한 그 열매를 먹었는지 물으신다. 그러자 아담이 자기 아내 탓을 한다.

"하와가 주어서 먹었습니다."

사실 아담은 하나님이 창조한 하와를 처음 본 순간 "이 여자는 내 살 중의 살이요 뼈 중의 뼈라"고 고백할 만큼 자기 생명까지 주고 싶을 정도로 하와를 사랑했다. 나는 이렇게 진한 사랑의 고백을 어떤 문학 작품에서도 본 적이 없다. 이 얼마나 절절한 사랑의 고백인가?

그러나 아담이 죄를 짓고 난 다음에는 자신의 실수를 인정하기보다 아내 탓을 하며 자신을 정당화하려 하였다. 하와도 마찬가지로 자신을 합리화하였다. 하나님께서 하와에게 "네가 왜 그랬냐?" 하시니 "뱀이 꾀어서 먹게 되었다."고 뱀 탓을 한다. 맞는 말이긴 하지만 자기 잘못에 대해 책임을 지려 하지 않는다. 죄에 대한 하나님의 심판이 있을 거라는 두려움이 그 마음을 지배하고 있기 때문에 변명과 책임 전가 외에는 아무 것도 할 수 없는 것이다.

하나님은 이제 하와와 아담에게 죄의 대가가 어떠한지 말씀하신다. 먼저 여자인 하와에게는 임신하는 고통을 크게 더할 것이라고 말씀하신다. 원래는 임신이 고통이 아니었는데 죄로 인해 아이를 낳는 것이 고통스러운 일이 되었다. 태어나는 아이 역시 그 죄의 성향을 물려받아서 죄인으로 태어나게 될 것임을 암시하시는 것이다. 안타깝게도 하와의 후손은 모두 죄를 가지고 태어나게 되었다.

그리고 남편과의 관계에 대해서도 '너는 남편을 원하게 될 것이다.'고 선포하신다. 이 말은 남편을 내 마음대로 휘두르고 싶은 욕구의 노예가 된다는 말이다. 이 욕구에 깊이 중독되면 관계 중독자로서 남편을 내 뜻대로 휘둘러 사랑의 노예로 삼고 싶은 죄악된 역동의 지배를 받게 되는 것이다.

하지만 아무리 노력해도 남편은 아내의 마음대로 움직이지 않기 때문에 서로가 힘든 관계를 맺게 된다. 그것은 '남편은 너를 다스릴 것이라'는 징계의 말씀을 하셨기 때문이다. 하와는 남편을 소유하고 싶고, 자기 뜻대로 휘둘러 사랑의 노예로 삼고 싶은 마음이 있는데 남편이 내 마음대로 되지 않기에 그 욕구의 고통으로 남편과 평생을 갈등하고 싸우며 살게 되는 것이다.

또 아담에게는 평생 수고하고 일해야 하는 고통을 주셨다(창 3:17~19).
"땅이 너로 말미암아 저주를 받아 가시덤불과 엉겅퀴를 낼 것이다. 너는 땀을 흘려 수고해야 땅에서 먹을 것을 얻을 수 있을 것이다."

원래 에덴동산의 모든 식물이 먹을거리였기에 노동을 하지 않고도 살 수 있었는데, 범죄한 아담은 평생 노동을 해야만 하는 짐을 지게 되었다. 아담에게 주어진 고통은 무언가를 얻기 위해서는 수고해야만 하는 것이다. 죄의 결과, 일을 해야만 먹고 살 수 있는 세상으로 변해 버린 것이다. 그래서 남자들은 더 많이 가지기 위해 출세 지향적 성격을 갖게 되고 돈, 명예, 권력을 추구하며 일중독에 빠지는 삶을 살아야만 하는 것이다. 그 결과 관계지향의 여성과 영원히 조화를 이루기 어렵게 되었다.

죄로 말미암아 에덴동산에서 쫓겨남

아담과 하와의 범죄로 말미암아 이 두 사람에게만 저주가 임한 것이 아니라 이 세상 전체, 피조계 전체에 저주가 임하게 되었다. 이렇게 큰 재앙을 불러일으키는 저주를 받게 된 것은 하나님께서 금하신 선악을 알게 하는 나무 열매를 먹었기 때문이다(창 2:16-17). 이것은 단지 불순종의 문제 뿐 아니라 인간이 하나님이 되려 한 악이다.

"너희가 그것을 먹는 날에는 너희 눈이 밝아져 하나님과 같이 되어 선악을 알 줄 하나님이 아심이니라(창 3:5)"

하나님께서는 인간에게 모든 자유를 허락하셨다. 그러나 선악을 알게 하는 나무 열매는 먹지 말라고 하셨다.

> 16 여호와 하나님이 그 사람에게 명하여 이르시되 동산 각종 나무의 열 매는 네가 임의로 먹되
> 17 선악을 알게 하는 나무의 열매는 먹지 말라 네가 먹는 날에는 반드 시 죽으리라 하시니라 (창 2:16-17)

한 가지의 제한을 두신 것은, 그 제한(선악을 알게 하는 동산 중앙에 있는 나무)을 볼 때 마다 자신이 피조물임을 인정하고 창조주를 섬기고 경배하는 자로 살아가는 것이 인간의 본분임을 알게 하시려는 것이었다. 그런데 이 말씀에 순종하지 않은 것은 선악과를 먹고 너희들이 온 세상의 하나님이 되라는 사탄의 사악한 유혹에 넘어갔기 때문이었다.

하나님이 금하신 열매를 먹은 두 사람은 어떻게 되었는가?

하나님처럼 된 것이 아니라, 모든 것을 잃어버리고, 하나님을 두려워하여 나무 사이에 숨는 비참한 결과를 맞이하게 되었다.

그리고 부부 관계는 어떻게 되었는가?

타락한 후 아담은 하와를 보호하지 않고 자기 혼자 살겠다고 하와를 버리는 선택을 하였다.

아담 부부 : 책임을 전가하는 부부

죄가 이토록 무서운 것이다. 내가 살기 위해 사랑하는 사람을 버리는 행위, 이것이 범죄한 인간의 현 주소다. 사람은 사랑하는 사람을 버리려고 하면 양심의 고통을 느낀다. 그래서 이러한 양심의 고통을 외면해야만 죄책감으로부터 벗어날 수 있기 때문에 상대방의 실수와 죄를 더 크게 부각시킨다. 그러면서 자신의 잘못된 행동이 정당하다는 자기 암시를 한다.

이 과정에서 상대방의 잘못을 부각시키기 위해 분노하며 화를 내는 방어기제를 사용한다. 분노하려면 내 분노가 얼마나 정당한지 확신을 가져야한다. 그래서 자신을 정당화하기 위해서 자신이 잘못한 것이 없음을 더 깊이 묵상하고, 스스로 생각하기에도 자신이 얼마나 억울하고 불쌍한지 되새기며 자기 연민과 분노를 키운다. 화를 내다보면 화가 더 커지고, 울다 보면 더 울게 되는 데, 이것은 우리 연약한 인간들이 자신의 정당함을 증명하기 위한 죄 된 습성이다.

타락한 인생은 자신의 죄에 대해 스스로 책임질 능력도, 힘도 없다. 죄가 너무 무서워 죄를 피할 뿐이고 자신의 잘못을 인정하지 않고 그저 남 탓을 하는 것이다. 어떻게든 자기를 보호하기 위해 애를 쓴다. 죄가 얼마나 무서운지, 가장 사랑하는 부부관계에서도 자기를 보호하기 위해 온갖 노력을 다하며 자기 방어를 하는 것이다.

하나님께서는 범죄한 아담과 하와에게 형벌과 고통은 더하셨지만 영원히 버리는 저주는 하지 않으셨다. 저주는 뱀과 땅에게 하셨다. 즉 사랑하는 당신의 자녀인 아담과 하와에게 범죄한 것에 대해 징계는 내리시지만, 그 속에서도 하나님의 은혜와 회복의 메시지를 남겨두신다(창 3:15). 하나님께서는 범죄한 인간을 향하여 끊임없는 배려와 사랑을 주고 계신다.

부부관계가 힘든 것은 인간이 타락한 결과 생긴 것이다. 사람은 누구나 상처가 있고 죄가 있어서 가까이 갈수록 서로를 아프게 한다. 그런데 가장 가까운 관계가 부부관계이므로 가장 많이, 가장 깊이 상처를 받게 되는 것이다.

회복의 방법

타락한 이후, 남편의 가장 큰 고통은 돈을 벌어서 가족을 책임지는 것이다. 여기에 가장 많은 에너지를 투입한다. 그런데 남자가 일에 매달리면 여자는 가정에 소홀한 남편에게 불만이 생긴다. 그러나 남자 입장에서는 억울하다. 그래서 "내가 돈을 벌기 위해 죽도록 고생하는데 내게 뭘 더 바라냐"고 분노하며 큰소리치게 된다.

그러면 반대로 돈은 잘 벌지 못하지만 집안일은 잘 도와주는 남자와 살면 행복할까?

자기중심적인 여자는 이런 남자와 살 때 능력이 없고 자신감이 없어서 매력적이지 않다고 생각하면서 집안일을 도와주는 것에 감사하지 않는다.

남자가 모든 면에서 어찌 완벽할 수 있겠는가?

일의 능력과 더불어 따뜻한 사랑의 돌봄까지 줄 수 있는 온전한 남자도 없을 뿐더러 설혹 있다고 해도 인간(아내)의 끝없는 욕구를 다 채워줄 수 없는 것이다.

그러면 해결책과 회복의 방법은 무엇인가?

먼저 아내가 자신의 죄를 인정하고 죄 된 본성대로 살아가려는 욕구에서 돌이켜야 한다. **아내가 먼저 남편을 내 마음대로 휘두르려는 욕망을 내려놓고 남편에게 복종할 때 부부관계가 회복될 수 있다**(엡 5:22). 이것이 부부관계에 대한 하나님의 원리다.

죄를 지어 타락하자 모든 아내들은, 성숙하건 성숙하지 않건 간에, 남편을 자기 마음대로 지배하고 싶은 욕망을 가지게 되었다. 하지만 남편은 절대로 아내 마음대로 되지 않고 오히려 남편의 욕구대로 아내를 지배하고 굴복시키고자 한다. 이렇듯 아내나 남편이나 둘 다 자신의 욕망대로 살 때 부부관계에 어려움이 오는 것이다.

아내든, 남편이든, 자기중심적 욕구를 인정하지 않고 통제하지 못할 때 부부관계는 어려워질 수밖에 없다. 남자는 일중독과 출세지향적 성향을 가지게 되었고, 일이 인생의 전부가 되는 삶을 살게 되었다. 여자는 남편을 사모하여 남편을 자기가 원하는 대로 조종하고 싶은 욕망을 가지게 되었다. 그래서 관계지향의 여성과 일 중심의 남성은 영원히 조화를 이루기 어렵게 되었다. 이것이 남편과 아내, 즉 부부의 비극이다.

남편인 아담은 어떻게 해야 될까?

남편은 아내를 목숨을 다해 사랑해야 한다. 밀턴은 실낙원에서 아담이 하와가 뱀의 유혹에 넘어가 선악과를 먹었을 때 '함께 먹고 같이 죽을 것인가? 나 혼자라도 하나님 말씀에 순종해야 하는가?' 고민했다고 해석하고 있다. 나도 이것에 동의한다.

그런데 아담은 함께 죽기로 선택한 것 같다.

"이 세상에 인간이라고는 나와 너 단 둘밖에 없는데 네가 타락하여 죽으면 나 혼자 사는 것이 무슨 의미가 있겠는가? 차라리 나도 같이 먹고 함께 죽겠다."는 사랑의 결단이 아담의 마음이 아니었을까?

19

그러나 결과적으로 아내의 유혹에 넘어간 것은 아내를 진정으로 사랑해서 한 선택이 아니었다. 만약에 아내를 진정으로 사랑했더라면 아담은 아내의 죄를 자신이 대신 하나님께 가지고 갔을 것이다. 그가 선악과를 먹는 죄를 지은 후에라도 하나님께 용서와 은혜를 구하면서 자신이 아내를 잘 지키지 못한 죄를 인정하고 아내를 구원해주시기를 하나님께 빌어야 했을 것이다. 그러나 아담은 범죄한 하와의 문제를 가지고 하나님을 바라보지 못한 것 같다.

오직 하나님만 바라보며 하나님을 의지해야 하는 것이 아담의 살 길이었는데 아담은 실패했다. 아담의 후손인 우리 남편들이 하와의 후손인 우리의 아내를 진정으로 사랑하기 위해서는 어떠한 순간에도 그 사랑을 지켜 낼 사랑의 능력이 필요하다. 그러나 우리 남편들에게는 그런 사랑의 능력이 절대적으로 부족하다. 그래서 우리 남편들은 하나님의 은혜를 덧입는 영적인 힘으로 아내를 사랑할 능력을 부여 받아야 한다.

그 사랑은 예수 그리스도의 십자가의 사랑이다. 예수님께서 자신의 사랑하는 백성들을 위해 자신을 희생하셨듯이 남편은 사랑하는 아내의 죄를 위해 자신이 죽어야 한다. 아내의 욕망을 분노와 악으로 맞서지 않고 십자가 사랑으로 맞서는 방법이 바로 매순간 남편이 죽는 것이다.

남편은 자기중심적으로 아내를 사랑하는 것이 아니라 그리스도의 십자가 사랑으로 아내를 사랑할 수 있어야 한다. 그 사랑은 아내를 성장하게 하고, 거룩하게 하는 사랑이다.

최근의 부부간 이혼사유를 보면 성격차이, 가족 간 불화, 경제문제, 배우자 부정, 정신적, 육체적 학대 순으로 나타나고 있다. 그런데 과연 이러한 문제가 부부가 서로 이혼하는 근본적인 이유가 된다고 할 수는 없을 것이다. 보다 뿌리깊은 이유는 끊임없이 사랑받고 싶은 인간의 욕망과 자기중심성 때문이다.

특히 부부관계에서는 배우자의 사랑을 믿고 신뢰하기 때문에 더욱 더 어린아이 같이 퇴행하는 자기중심성으로 인해 서로의 마음을 상하게 하며 관계를 점점 힘들게 만든다. 배우자는 나를 위해 존재하고, 나의 행복을 위해 마땅히 희생해야 한다는 생각, 이것이 바로 나르시시즘을 가진 인간들의 가슴 깊은 갈망이다.

"나를 조금만 도와주고 희생해주면 내가 행복할 텐데……. 네가 조금만 달라진다면 우리 부부는 아무런 문제가 없을 텐데..."라며 배우자를 향해 끊임없이 나를 위해 더 많이 희생하라고 절규하는 것이다. 이러한 욕구는 해결될 수 없는 것이다. 다만 자기의 욕망을 인정하고 회개하며 다스려서 서로 섬기는 성숙한 부부관계가 되도록 노력해야 하는 것이다.

아담 부부 : 책임을 전가하는 부부

이 땅에서 완벽한 남편과 아내는 없다. 완벽한 부부도 없고, 완벽한 가정도 없다. 또한 완전히 나쁜 남편도 없고 완전히 나쁜 아내도 없다. 배우자가 나를 채워주는 것이 몇 가지는 있을 것이다. 돈, 외로움, 청소, 아이돌보기, 성, 놀이친구, 아플 때 간호 등 무엇이든지 하나는 채워주는 것이 있다.

부족한 배우자이지만 그래도 조금이라도 해줄 수 있는 것에 만족하고 감사하는 자세가 주님이 기뻐하시는 것이다. 서로에게 집착하지 않으면서, 모든 것을 다 갖춘 배우자가 나를 죽도록 사랑해줄 것이라는 병적인 환상을 놓고 하나님을 바라보며 살아가는 것이 행복의 비결이다. 하나님이 주신 사랑으로 서로에게 사랑을 베풀면서 살아가면 하나님 나라에서 하나님이 위로하고 보상하실 것이다. 이 얼마나 놀라운 축복인가?

발견과 적용

1. 아담 부부 이야기를 보면서 어떤 깨달음이 있는가 생각해보자.

2. 상처 기록하기

　* 결혼한 경우) 배우자 때문에 속상하고 힘들었던 경험과 그때의 나의 반응은 어떠했는지 기록해보자.

　* 결혼을 하지 않은 경우) 부모님 때문에 힘들었던 경험이 있다면 생각해보고 그때 나의 생각이나 반응은 어떠했는지 적어보자.

3. 나눔과 적용

　나의 상처를 믿을만한 사람이나 소그룹에서 나누고 공감과 위로를 받은 후 이 상처를 극복하고 새롭고 건강한 나로 살기 위해서는 어떠한 것들이 필요한지 적어보고 나누자.

02 아브라함 부부
위기에 무너진 부부

창세기 12:11-13

11 그가 애굽에 가까이 이르렀을 때에 그의 아내 사래에게 말하되 내가
   알기에 그대는 아리따운 여인이라

12 애굽 사람이 그대를 볼 때에 이르기를 이는 그의 아내라 하여 나는
   죽이고 그대는 살리리니

13 원하건대 그대는 나의 누이라 하라 그러면 내가 그대로 말미암아
   안전하고 내 목숨이 그대로 말미암아 보존되리라 하니라

위기에 무너진 아브라함 부부

하나님께서는 아브라함에게 '너의 고향과 친척과 아버지의 집을 떠나 내가 네게 보여 줄 땅으로 가라 그러면 너로 큰 민족을 이루게 하겠다.'고 말씀하셨다. 아브라함은 하나님의 부름을 받아서 75세의 나이에 본토와 친척과 아비 집을 떠났다. 쉽지 않은 순종이었지만 목적지도 모른 채, 오직 믿음으로 하나님의 말씀에 순종하며 나아갔다.

드디어 아브라함이 가나안 땅에 도착하자 하나님이 아브라함에게 나타나서 말씀하신다.

"내가 이 땅을 네 자손에게 주리라(창 12:7)"

그래서 아브라함은 하나님께 제단을 쌓고 예배를 드렸다. 그런데 그 땅에 기근이 들었다. 하나님이 복주시겠다고 약속하신 땅인데 오자마자 기근이 심하여 도저히 살 수가 없었다. 하나님이 약속하신 축복의 땅인데 어찌 기근이 드는지, 하나님의 능력에 대해 의심이 생기고, 하나님이 자기를 사랑하시는 것에 대해서도 믿어지지 않는 마음이 들었을 것이다.

아브라함은 기근을 피해서 자꾸만 남쪽으로 내려갔다. 삶에 어려움이 생겼을 때 기도하면서 하나님의 도움을 구하지 않고 자신이 스스로 판단하고 결정한 것이 아브라함의 문제였다. 아브라함이 하나님의 도움을 구했더라면 하나님은 얼마든지 물질을 공급하시는 분이시다.

이 당시의 아브라함은 하나님께 도움을 구할 정도의 믿음이 되지 못했다. 자신의 능력, 자신의 경험, 자신의 수단과 방법을 의지하려 하였다. 이렇다보니 상황에 따라 자꾸 남쪽으로 가게 되었고 드디어 물이 풍부한 애굽에 도착했다. 애굽은 나일강의 물이 풍부하여 가뭄이 없는 지역이었다. 아브라함의 가정에 몰아닥친 경제적인 위기로 말미암아 이 가정이 또 다른 어려움을 겪게 되는데 그것은 아브라함과 사라의 관계에 금이 가기 시작한 것이다.

경제적인 어려움이 부부 사이의 문제로 발전된 것이다. 아브라함이 기근을 피해 애굽에 내려갔는데 자기 아내 사라가 아름다운 여인인지라, 애굽 사람이 아내를 빼앗기 위해 자기를 죽일지 모른다는 불안과 염려에 사로잡혔다. 당시 사라는 65세 정도인데, 127세에 죽은 것을 고려해볼 때 중년의 나이라고 볼 수 있다. 게다가 아직 아이를 낳지 않았으니, 젊을 때의 아름다움을 그대로 유지했을 것이다.

아내를 빼앗길 것을 예상했다면 아브라함은 애굽에 가지 말거나, 만약에 가기로 마음을 정했으면 용기와 지혜를 발휘하여 아내를 지켜야 했다. 이 과정에서 자신이 힘이 없어 아내를 지킬 수 없다는 판단이 들었으면 하나님을 절대적으로 의지하여 아내를 지켜야 했다. 그랬다면 아브라함은 굉장히 큰 축복을 경험했을 것이다. 그러나 그는 비겁하고 나약해서 아내를 누이라 속이는 행위까지 하게 되었다. 이것이 믿음의 조상 아브라함의 실패인 것이다.[1)]

사실 사라는 아브라함의 사촌 누이기도 하지만 결혼을 했기 때문에 이제는 분명히 아내이다. 누이라고 말하는 것은 혼인 관계를 부정하는 것이며, 갈등과 위기를 면하기 위한 거짓말에 지나지 않았다.

아브라함이 애굽에 도착하니 예상한 일이 벌어지고 말았다. 애굽 사람들이 사라의 아름다움을 보고 칭찬하였고 결국 바로왕의 후궁으로 간택되는 일이 벌어졌다. 아브라함의 누이로 알았던 바로는 아브라함에게 양과 소, 나귀, 낙타, 그리고 노비까지 두둑히 챙겨 선물로 주었다. 아브라함은 바로에게 자기 아내를 팔아버린 셈이 되었으니 이 선물을 받고 그의 마음이 어떠했겠는가?

하나님은 아브라함과 사라를 통해 약속의 자손을 주기로 하셨

---

1) 하나님께서는 아브라함의 나이 99세에 아브람에서 아브라함으로 이름을 바꿔주시며 축복을 더하신다. "이제 후로는 네 이름을 아브람이라 하지 아니하고 아브라함이라 하리니 이는 내가 너를 여러 민족의 아버지가 되게 함이니라(창 17:5)" 사라 역시 마찬가지로 '열국의 어미'라는 뜻으로 이름이 바뀐다. 여기에서는 바뀐 이름(아브라함과 사라)으로 통일하여 사용하였다.

다. 하나님은 아브라함을 통해 하나님의 나라를 세울 계획이셨다. 그런데 아브라함 때문에 하나님의 계획이 물거품이 될 지경이 되었다. 만약 아브라함의 아내가 없어지거나, 아내가 몸을 더럽힌다면 하나님의 뜻이 온전히 이루어질 수 없게 되는 것이다.

그래서 하나님이 강력히 개입을 하셔야만 했다. 거룩한 자손을 통해 거룩한 하나님의 나라를 세워야 하는데 아브라함은 믿음의 조상, 복의 근원의 자리를 상실할 위기에 처했다. 결국 하나님이 나서서 일을 처리하신다. 하나님께서 바로와 그 집에 큰 재앙을 내리신 것이다.

그 재앙이 구체적으로 어떤 것이었는지는 알 수 없지만, 바로왕이 알고 행한 악이 아니었기 때문에 정상을 참작하시고 재앙을 내리신 것 같다. 하나님이 적극적으로 문제 해결을 하셨기에 아브라함이 신앙과 가정을 위기 가운데서 지킬 수가 있었다. 바로는 아브라함을 불러서 그가 거짓말한 것을 책망하고 사라를 돌려보낸다. 이 일은 하나님의 은혜로 수습이 잘되긴 했지만 아브라함의 인생에 씻을 수 없는 가장 부끄러운 일이 되고 말았다.

부부 갈등의 원인

아브라함과 사라의 갈등의 원인은 경제적인 위기로 인해 시작되었다. **경제적인 위기가 부부의 위기로 확대되었다.** 잘되는 가정과 잘못되는 가정의 차이는 어려움이 발생했을 때 판가름이 난다. 잘되는 가정은 위기 시에 부부가 힘을 합하여 극복한다. 하지만 잘 안 되는 가정은 위기가 생기면 부부가 서로 비난하고 책임을 전가한다. 자신은 희생하지 않고 상대방에게 희생을 강요한다.

사라가 남편을 믿고 멀고 먼 가나안 땅까지 따라왔는데 아브라함은 위기 시에 아내를 보호하지 못하였다. 아브라함이 이렇게 한 것도 한편 이해할만하다. 하나님의 인도를 따라 이 먼 곳까지 왔는데 기근을 만나자, 하나님에 대해 신뢰가 깨지면서 신앙과 삶에 회의가 왔을 것이다. 그래서 자기 혼자 힘으로 살아보려고 남쪽 애굽까지 내려갔는데 막상 도착해보니 아무도 자신의 안전을 책임져 줄 수 없다고 생각이 들면서 자기 목숨은 자기가 지키려고 하다가 아내를 누이로 속이게 된 것이다. 아브라함은 자신이 살아야 아내도 지켜줄 수 있을 것이라고 합리화를 한 것 같다.

이것이 믿음이 없는 연약한 남자들의 모습이다. 자기 힘으로는 자기 목숨 하나 지킬 수 없다. 그래서 아내의 목숨까지 보장해줄 수 없는 것이다. 하나님이 아니고서는 내 인생 하나 책임질 수 없는 것이 연약한 인생이다. 그러므로 **남자들은 위기 시에 자신의 힘을 의지하지 말고 하나님을 의지해야 한다. 아내 역시 남편을 의지하지 말고 하나님을 의지하면서 연약한 남편을 부축해 주어야 한다.**

한편 아내인 사라는 '여기까지 따라왔더니 이제 나를 버리다니?'라는 마음으로 남편을 원망하거나 울고불고 하지 않았다. 그녀는 아무 말 없이 남편의 제안에 순종한다. 바로의 궁에 들어갈 때에도 남편을 보호하기 위해 아무 말 없이 따라 간다. 이것은 칭찬받을 만한 일이다. 사라 편에서 보면 남편인 아브라함은 자신을 누이라 속이고, 애굽왕의 첩이 되도록 한 무책임하고 용서 받을 수 없는 남편이었다. 그런데 사건이 수습된 후에도 사라가 아브라함에게 어떤 원망이나 보복을 했다는 기록을 찾아볼 수 없다. 전반적으로 순종의 태도를 가진 사라는 매우 훌륭한 아내라고 할 수 있다(벧전 3:6).

그러나 **사라가 하나님을 향한 좀 더 성숙한 믿음이 있었다면 애굽에 내려가지 않아도 된다는 믿음의 확신을 가지고 남편을 설득해야 했다.** '이 땅에서 죽으면 죽으리라 하고 약속의 땅에 살아야 하지 않겠냐?'고 남편을 설득할 만큼의 믿음이 없었다. 물론 사라가 남편의 말에 순종해서 일단 아브라함이 목숨을 건지기는 했지

만, 아브라함에게는 이것이 얼마나 부끄러운 모습인가? 두 부부가
모두 성숙한 믿음이 없어서 삶이 꼬이기 시작한 것이었다.

아브라함은 이 사건을 통해 교훈을 얻지 못했다. 창세기 20장에
보면 이와 동일한 사건이 벌어진다(창 20:1-2). 하나님께서 아비멜
렉왕의 꿈에 나타나시니 아비멜렉이 놀라서 사라를 돌려보낸다.
이것 또한 하나님의 개입으로 문제가 해결이 된 것이지, 아브라함
이나 사라의 수고나 노력으로 된 것이 아니었다. 하나님은 처음 아
브라함을 부르실 때 "너를 축복하는 자에게는 내가 복을 내리고
너를 저주하는 자에게는 내가 저주하리니(창 12:3)"라는 말씀을 주
셨는데 이 말씀을 그대로 실현하신다.

하나님은 아브라함의 부족함에도 불구하고 하나님의 약속을 이
루어 가신다. 그러므로 우리에게 필요한 것은 믿음뿐이다. 신실하
신 하나님이 우리 안에서 이루시는 역사를 지켜보며 신뢰하는 믿
음이 우리에게는 매우 중요하다.

아브라함 부부의 실수와 행동양식은 여기에서 끝나지 않고 자녀
에게 흘러간다. 이와 유사한 사건이 아브라함의 아들 이삭과 리브
가 사이에도 벌어진다. 이삭이 리브가를 누이로 속였다가 동네사
람들이 이삭과 리브가가 서로 끌어안고 있는 모습을 보고 왜 거짓
말을 했냐며 항의하는 부끄러운 사건이 있게 되었다.

8 이삭이 거기 오래 거주하였더니 이삭이 그 아내 리브가를 껴안은 것을
블레셋 왕 아비멜렉이 창으로 내다본지라

9 이에 아비멜렉이 이삭을 불러 이르되 그가 분명히 네 아내거늘 어찌
네 누이라 하였느냐 이삭이 그에게 대답하되 내 생각에 그로 말미암
아 내가 죽게 될까 두려워하였음이로라

10 아비멜렉이 이르되 네가 어찌 우리에게 이렇게 행하였느냐 백성 중
하나가 네 아내와 동침할 뻔하였도다 네가 죄를 우리에게 입혔으리
라 (창 26:8-10)

왜 이런 일이 반복되는가? 아브라함은 '어떤 일이 있어도 내 목
숨을 걸고 아내를 지키리라.'는 마음이 없었다. 자신이 아내를 지
킬 만한 능력이 없다면 하나님을 의지해야만 하는데 아브라함은
아내를 자기 목숨만큼 소중히 여기는 마음이 없었다. 오히려 아내
가 다른 사람의 아내가 되어서라도 나를 지켜줘야 한다는 이기적
인 욕망을 가지고 살았다.

부부는 서로를 지켜줄 능력이 없다. 오직 하나님만이 우리 인생
을 지켜주는 분이시다. 남편이 내 인생을 지켜주지 못한다. 그런데
아내들은 남편이 자기 인생을 모두 다 보상해 줄 수 있는 전능한
희생자가 되어 행복하게 해주길 바란다.

남편과 아내는 서로를 사랑하기에 행복하게 해 주고 싶은 마음
이 있지만 중요한 것은 우리 인간이 연약해서 그것을 지킬 능력이

없다는 것이다. 우리들은 모두 연약하며 완벽하지 않음을 인정하고 우리의 초점을 하나님께 맞추어야 한다.

부부 갈등의 해결책

부부의 갈등은 앞의 아담 부부이야기에서 말했듯이 기본적으로 타락으로 인한 자기중심성에서 비롯된다. 이것을 인정하지 않으면 부부 갈등을 해결할 수 없다. 그러므로 **부부는 각자가 서로 자신의 자기중심성을 인정하고 반성해야 하며 자기중심적인 행동을 할 때는 회개해야 한다.** 나는 이기적이지 않은데 내 배우자만 이기적이라고 생각한다면, 그렇게 생각하는 사람이 더 문제인 것이다. 인생은 누구나 다 이기적이고 자기중심적이다. 그러므로 부부는 서로 다음과 같은 고백을 하면서 서로를 이해하는 자세가 필요하다.

"나는 죄인이라 당신을 아무리 사랑한다고 해도 당신에게 실망을 줄 수밖에 없고 당신의 욕망을 다 채워줄 수 없는 연약한 사람입니다. 나도 이런 연약함과 자기중심성이 있지만 당신도 그런 부분이 있을 테니 우리 서로 연약함을 감싸주면서 살아갑시다."

아브라함 부부 : 위기에 무너진 부부

이러한 고백을 하며 사는 부부는 서로의 약점을 흠으로 보거나 문제 삼지 않는다. 이러한 본성을 인정하지 않는 부부, "나는 문제가 없는데 너는 문제가 있다."고 생각하는 부부들이 갈등이 깊어질 수밖에 없는 것이다. 부부는 각자 유아기 때 만족되지 않은 욕망을 가지고 성인기에 접어든다. 배우자를 만나서 사랑받고 인정받고 싶은 자신의 욕구를 해결하기 위해 관계를 하는 것이다.

이 과정에서 성숙을 향해 노력하는 사람은 **자기중심성에서 벗어나 전적으로 배우자를 위하여, 하나님의 사랑을 실천하려는 마음을 가지고 자신의 내적 상처를 치료하는 과정을 거친다.** 그리고 하나님의 사랑으로 자신을 세우고 배우자를 세우려는 자세로 부부의 문제를 해결해 나가는 방향을 설정한다.

신혼여행을 마치고 돌아온 지 며칠 안 되어 아내가 퇴근하는 남편에게 전화를 걸어 부탁을 했다.
"여보, 집에 오는 길에 슈퍼에 들러서 반찬 몇 가지를 사 오세요."

그런데 남편이 집에 돌아와서 식탁 위에 반찬을 탁 던지면서 "다시는 나에게 이런 짓을 시키지 마!" 하고 화를 내는 것이었다. 이 남편은 남자는 부엌일을 해서는 안 된다고 교육을 받아온 사람이었던 것이다.

반대로 아내는 그 아버지가 장을 봐주기도 하고 가사 일을 함께 하는 가정에서 성장했다. 그러므로 남편에게 반찬을 사다 달라고 부탁한 것은 무척 자연스러운 일이었던 것이다. 아내는 남편의 태도에 화가 났지만 참고 요리를 했다. 그리고 함께 식사를 하는데 분위기가 자기 친정집하고 너무 다른 것이었다.

아내의 친정은 식사 시간이 가장 행복한 시간이었다. 식사 시간은 하루 종일 있었던 일들을 자유롭게 이야기하면서 서로 격려하는 시간이었다. 그리고 김치를 손가락으로 쭉쭉 찢어서 집어 먹기도 하는 등 서로 격식을 차리지 않고 편안하게 밥을 먹는 식탁 문화였다.

그런데 남편은 식사 시간에 이야기를 하거나 소리를 내거나 손으로 음식을 집으면 예의 없는 사람으로 비난받는 집안에서 성장했다. 남편의 부모는 자녀가 조금만 예의 없게 행동하면 짐승 같은 짓이라고 늘 말하곤 했었다.

지금 아내가 김치를 손으로 찢어서 먹고 자기에게도 먹어 보라고 주는데, 순간 더럽고 혐오스러운 마음이 들면서, 자기도 모르게 자리에서 벌떡 일어나 내 뱉은 말이 "에이, 짐승 같은 여자!" 라는 말이었다. 이 말은 아내에게 엄청난 충격이었고 결국 이 부부는 싸움 끝에 이혼을 고려하게 되었다.

아브라함 부부 : 위기에 무너진 부부

배우자와의 결합은 실로 쉬운 일이 아니므로, 오랜 기간의 훈련과 치유 과정이 필요하다. 이러한 과정이 필요하다는 인식을 가지고 서로 다른 환경에서 자라온 것을 인식하고 인정해주면서, 자신의 문제는 무엇이며, 배우자의 문제는 무엇인지, 결혼 전부터 준비과정을 가지는 것이 좋다. 인간은 누구나 문제가 있으며, 부족한 점이 있음을 인정하는 자세는 무척 중요하다. 그리고 아가페사랑을 훈련함으로 배우자를 인격적인 사랑으로 품는 방법을 배워야 한다.

아가페사랑은 배우자가 비록 나를 배신했어도 그가 자신의 실수와 악을 인정하고 진심으로 뉘우치며 돌이킨다면 용서하고 허물을 덮어주는 사랑이다. 그러나 대부분의 부부들이 아가페사랑이 아닌 이기적인 사랑, 즉 주는 사랑보다 받고 싶은 사랑을 가지고 결혼을 하기 때문에 문제가 발생했을 때 배우자 탓을 하면서 화를 내고 돌아서버리는 수많은 사례를 보게 된다.

참 사랑은 사랑의 성숙이 있어야 가능하다. 내가 아무리 사랑하고 싶어도 사랑의 성숙이 없으면 사랑할 힘이 없기 때문에 사랑을 베풀 수가 없다. 따라서 영원한 로맨스의 신화를 버리고 자신의 욕망과 자아를 부인하며 오해와 상처는 치료하고 사랑의 능력을 키우는 일에 많은 시간을 투자해야 할 것이다.

삶을 치료하는 것은 순수한 아가페가 아니면 이루어질 수가 없다. 아가페는 관심을 자신에게로부터 돌려 배우자에게로 향하게 하는 하나님의 무조건적 사랑이다. 이러한 아가페 사랑으로 결혼 생활을 하려는 의식적인 노력과 실제적인 결단이 매일의 삶 속에서 일어날 때 부부관계는 새로워지고 가정은 행복으로 가득 차게 될 것이다.

그러나 이것은 쉽게 얻어지지 않는다. 무의식적이고 본능적인 부부관계를 의식적이며 합리적인 관계로, 또 성경적인 관계로 변화시키려는 지혜와 의지, 노력은 오랜 시간의 수고가 필요하다. 의식적인 결혼생활은 행복한 관계를 위해 합리적인 무언가를 선택하고 의지를 발휘하게 해주는 동시에, 배우자는 부모가 아니고, 전능자가 아니므로 배우자에게 무조건적 사랑을 기대해서는 안 된다는 사실을 받아들이는 것이다.

결혼의 목적은 사랑을 주기 위한 것이며, 사랑을 준 자가 다시 받을 수 있는 관계임을 명심해야 한다. 이때 부부관계의 개선 뿐 아니라 치료와 성숙이 일어날 것이다. 이러한 원리가 바로 성경적 원리이다. 모든 문제의 해답은 성경 말씀에 있다. 우리 가정이 하나님과 관계가 끊어지면 모든 것을 잃는 것이다. 남편과 아내에게 의존하는 것이 아니라, 전능하신 하나님을 바라보고 사는 것, 이 관점이 우리가 이 땅에서 행복하게 살 수 있는 유일한 길이다.

발견과 적용

1. 아브라함 부부 이야기를 보면서 어떤 깨달음과 반성이 있는가?

2. 자신의 경험 나누기

아브라함가족 이야기를 보면서 생각나는 상처나 사건이 있다면 기록해보고 나누어보자.

3. 나눔과 적용

나의 상처를 믿을만한 사람이나 소그룹에서 나누고 공감과 위로를 받은 후 이 상처를 극복하고 새롭고 건강한 나로 살기 위해서는 어떠한 것들이 필요한지 적어보고 나누자.

03 노아 가족
거절감을 주는 부모

창세기 9:24-26

24 노아가 술이 깨어 그의 작은 아들이 자기에게 행한 일을 알고

25 이에 이르되 가나안은 저주를 받아 그의 형제의 종들의 종이 되기
   를 원하노라 하고

26 또 이르되 셈의 하나님 여호와를 찬송하리로다 가나안은 셈의 종이
   되고

거절감을 주는 부모

　노아 당시의 사람들은 하나님을 반역하고 거부할 뿐 아니라 자기 뜻대로 살았다. 그런 시대에 노아는 하나님 앞에 의인으로 불렸으니 노아가 얼마나 하나님만 바라보고 믿음으로 살았을지 짐작할 수 있다. 노아는 하나님이 자기에게 지시하신 방주를 짓기 위해 산꼭대기에서 사람들의 비웃음을 감수하고서 120년이라는 긴 세월동안 방주를 지으며 살았다. 그리고 방주를 완성하는 날 하나님의 도우심으로 자기 가족들 뿐 아니라 동물들도 함께 방주로 들어갔다.

　그는 홍수가 나고 샘물이 터지는 엄청난 하나님의 심판으로 방주 밖의 사람들이 죽고, 모든 생명체들이 몰살되는 상황 가운데서도 하나님을 의지하면서 자기 가족들을 무사히 지켜낼 수 있었다.

　홍수가 끝나고 땅이 마르자 방주에서 나온 노아의 가족들은 하나님의 축복 속에서 새로운 인류 역사 가운데 살게 되었다. 노아는 농사를 하여 포도를 수확하였다. 그런데 포도주를 먹고 취해서 장막 안에서 벌거벗은 채 잠들었던 것이다. 포도주에 취해서 그만 크나큰 실수를 하게 되었다.

노아의 세 아들이 이 모습을 보았다. 제일 먼저 함이 그 광경을 보았고, 그 상황을 다른 두 형제 셈과 야벳에게 알렸다. 아버지의 나체를 본 형제들의 반응은 달랐다. 함은 아버지 노아가 술에 취해서 벗고 있는 모습을 보고도 그 모습을 감싸주지 않았다. 그러나 다른 형제, 셈과 야벳은 옷을 가져다가 뒷걸음쳐 들어가서 아버지의 벗은 몸을 보지 않고 잘 덮어주었다.

셈과 야벳의 태도는 아버지의 수치심을 덮어 주었을 뿐 아니라 아버지에 대한 존경심을 보여주는 것이었다. 노아는 아들이 자신의 벌거벗은 몸을 가려 준 행동으로 인해 다른 가족들에게는 수치를 당하지 않게 되었다.

나중에 술이 깨어서 이 이야기를 들은 노아는 스스로 생각해보아도 너무 부끄러웠다. 그런데 그는 자신의 실수를 반성하기보다는 자신을 비웃은 아들 함에게 자신의 실수와 수치를 다 뒤집어 씌웠다. 그리고 아들에게 엄청난 저주를 선포한다.

"이에 이르되 가나안(함)은 저주를 받아 그의 형제의 종들의 종이 되기를 원하노라(창 9:25)"

아버지 노아는 자기의 수치를 감춰주지 않고 알리고 다닌 아들 함을 향해 "너는 저주를 받아 그의 형제의 종들의 종이 되기를 바란다."고 저주를 퍼부었다. 함이 잘못한 것도 있지만 그전에 아버지 노아가 술을 통제하지 못한 잘못이 있는데 노아는 아들을 탓하며, 아들을 향해 무시무시한 저주를 쏟아 붓는 것으로 이 사건은 마무리 된다.

이 얼마나 안타까운 일인가?

함이 아버지의 수치를 덮어주지 않고 철없이 행동한 것은 분명 잘못한 일이다. 그러나 아버지가 먼저 반성하고 또 아들의 실수와 죄를 덮어주어야 하는데 그렇지 않았다. 이런 노아의 행동은 자녀를 사랑하는 아버지의 행동으로 보기는 어렵다.

노아의 이 행동은 아들의 존재를 거절한 것이며, 아들의 미래까지도 죽이는 행위였다. 자녀가 잘못하면 책망하고 벌을 주어야 한다. 이것은 부모로서 마땅히 해야 할 일이다. 그러나 부모는 자녀의 잘못된 행동을 징계할 때 존재는 수용하면서 징계해야 한다. 존재 자체를 거절하는 것은 자녀에게 치명적인 상처가 된다. 노아가 일부러 자녀에게 거절감을 주려고 한 것은 아니었을지 몰라도, 아버지의 저주를 들은 함은 인생 자체가 무너지는 상처를 받았을 것이다.

부모에게 거절감을 느낀 사례들

심한 강박증과 틱장애를 보이는 중학생이 마음에 가득 차 있던 아픔을 이렇게 털어놓았다.

"아빠가 집에 들어오면 오금이 저려요. 숨도 못 쉬겠어요. 또 무슨 핑계로 야단을 칠까, 매가 날아오지 않을까, 마음이 불안해서 잠도 잘 못 자고 캄캄한 구석에 쪼그리고 앉아 있다가 아빠가 잠들 때까지 기다려요. 아빠라는 존재는 아무 필요가 없어요. 항상 소리 지르고, 머리를 때리고, 자기가 화가 나는 일이 있으면 물불 가리지 않고 마구 때리고...... 그래서 공부도 더 안 하게 되고 계속 말썽만 부렸죠..."

또한 40대 중반의 어떤 집사님은 직장에서 상사나 나이가 많은 사람들 앞에만 서면 아무 잘못한 일이 없는데도 손에 땀이 나고, 긴장해서 할 말도 제대로 하지 못하곤 하였다. 무언가를 설명해야 하거나, 의견을 말해야 하는 상황에서는 이런 증세가 더 심해지곤 했다. 그러다 보니 손해를 보게 되어 승진에서 번번이 탈락하였다. 얼마나 분하고 억울한지, 잠을 잘 수가 없어 급기야 대인기피증으로 우울증 약을 복용하게 되었다.

왜 이렇게 윗사람 앞에 서면 바보가 되어 버리는지 원인을 찾아보았더니, 그 원인은 아버지였다. 그는 아버지로부터 한 번도 따뜻한 수용을 경험해보지 못했다. 그래서 너무 주눅이 들고 자신감 없는 삶을 살았다. 그러다가 언젠가 아버지에게 용기를 내어 처음으로 부탁을 한 적이 있는데 아버지가 화를 내고 들어주지 않은 것이었다. 이후로 그는 무슨 일이든 혼자서 해결하기로 결심을 했다.

그러면 그의 아버지는 왜 아들을 이렇게 대했을까? 그의 아버지가 중학교 2학년 쯤 할아버지가 돌아가셔서 할머니는 장남을 교육시키기 위해 고모네 집으로 보냈다. 그래서 둘째인 아버지가 어머니와 동생들을 책임지는 가장이 되었다. 그러나 아버지는 당시에 중학교 2학년으로 너무 어렸기 때문에 가정 경제를 책임질 능력이 없었다. 아버지는 공부하러 떠나버린 큰 형이 돌아오기만을 기다렸다. 하지만 형은 결코 돌아오지 않았고 아버지는 혼자서 힘든 일을 다 감당해야만 했다.

어린 나이에 힘든 일을 감당하는 것이 무척 버거웠던 아버지는 마음속에 분노와 증오를 품은 채 살아왔다. 그런데 자신의 자녀를 보니 너무 약해보이는 것이었다.
'나는 그 나이에 가정을 책임졌는데…' 라는 생각이 일어나면서 울화가 치미는 것이었다. 자신도 자기의 아버지처럼 언제 죽을지도 모르는데, 아들이 너무 약하니 염려되어 아들을 엄하게 대하면서 혼자 힘으로 살아가도록 강하게 키운다고 한 것이 이런 어려움을 만들게 되었다.

아버지의 염려와 불안이 문제였다. 이것이 아버지의 마음을 지배하여 아들이 공부를 잘해도 칭찬하지 않고 더 잘하는 아이와 비교하면서 계속 실력을 쌓도록 강요했다. 그러나 그의 아버지는 이러한 양육이 아들을 주눅 들게 하고 자신감 없는 사람으로 자라게 할 줄은 전혀 몰랐을 것이다.

거절감의 원인 및 증상

아이들은 기본적으로 부모에게 의존되어 있다. 그 이유는 부모에게 연결되어 있어야만 생존할 수 있기 때문이다. 부모에게 거절을 받은 아이는 성격적으로나 심리적으로 치명적인 영향을 받는다. 사랑으로 양육 받지 못한 자녀들은 부모의 거절에 죽음과 같은 고통을 경험한다. 일반적으로 부모는 자신의 아이들을 책임지고 그들의 필요를 채워주려는 마음을 가지고 아이들을 양육한다. 인격적인 부모라면 자신의 자녀를 거절하지 않는다.

하지만 일부 부모들은 삶의 과정 중에 경제적으로 어렵거나, 관계적으로 힘이 들거나, 이혼이나 자살 등의 문제로 어려운 상황이 되면 아이들을 심리적, 신체적으로 학대하거나 여러 모양으로 버리는 경우가 있다. 또한 부모로부터 심한 학대나 거절, 폭력 등을 경험하고 이것이 치료가 되지 않은 채 부모가 된 경우에도 자신의 자녀에게 다시 상처를 대물림하곤 한다. 이렇게 되면 아이들은 이 세상을 감당하기 힘든 연약한 아이로 자라며, 냉혹한 현실에 적응하지 못하는 부적응아로 살아야 하는 고통을 가지게 된다.

또한 부부 갈등으로 인하여 어머니가 집을 떠나고 아이들을 보호소나 먼 친척에 맡긴다거나, 미혼모가 임신을 하여 아이를 키울 수 없어 아이를 버린다거나, 아이를 키울 여력이 되지 않아서 아이를 포기하거나 버리는 경우, 아이는 심리적으로 거절감의 상처를 안게 된다. 부모가 자녀를 사랑하지 않은 것이 아니라 어쩔 수 없는 부득이한 상황이라 아이를 키우지 못한 것일지라도 아이 편에서는 부모와 함께 살지 못한 것 자체가 상처가 되고 무가치감을 갖게 만들어 거절감을 느끼게 되는 것이다.[2] 부모가 아이들에게 주는 안정감은 심리적으로 건강한 아이가 되는데 필수불가결한 요소인데 이것을 박탈당한 경우, 거절감이 마음 깊은 곳에 상처로 자리 잡을 수밖에 없다.

거절감을 느낀 아이들은 자신은 남들에게 사랑받을 수 없는 무가치한 존재라고 여긴다.

자신감이 없고, 무기력하며 대인관계가 원만하지 못하여 사회생

---

2) 부모가 아이들에게 무관심한 경우, 삶의 무게를 못 이겨 자살을 한 경우, 교육의 목적이 아니라 키우기 힘들어서 자녀를 기숙학교에 보내는 경우도 아이는 자신의 존재가 사랑스럽지 못하다고 여기게 된다.

활의 적응이 어렵다. 자신을 거절한 부모에게 적대적인 태도를 취할 뿐 아니라 사회생활에서도 반항적이며 반사회적인 행동을 시도하기도 한다. 자신을 어떻게 사랑해야 하는지 모르기에 자기 자녀를 키울 때도 자신의 부모와 같은 실수를 하는 경우가 많다.

성경에서 노아의 가족이 그 대표적인 예이다.

노아는 왜 자기 자녀에게 이렇게 심한 저주까지 하게 되었을까?

그것은 노아가 상처가 많은 사람이었기 때문이다. 그는 그 시대에 유일하게 살아남은 사람이었다. 방주를 짓는 동안 미치광이 영감이라고 얼마나 많은 비난과 조롱을 받았겠는가?

"아니, 이렇게 날씨가 좋은데 무슨 홍수가 온단 말인가, 게다가 산 위에서 배를 만들다니, 미쳤군……."

그 수많은 비난의 소리를 들으면서도 노아는 하나님을 믿는 믿음으로 흔들리지 않고 방주를 완성했다. 그러나 그 마음에 꽂힌 비난의 화살들이 독이 되었을 것이다. 또한 하나님의 심판의 경고를 전했지만 듣지 않은 수많은 사람들이 죽어가는 것을 보아야만 했다.

'내가 좀 더 잘 전했다면, 한 사람이라도 구할 수 있지 않았을까?'

자책하는 마음도 있었을 것이다. 이렇게 마음에 깊은 상처가 있는 노아가 이제 평안을 찾고, 포도 농사도 잘되어 기분 좋게 포도주를 마시고 잠이 들었다. 그런데 아들이 자기를 조롱한 것이다. 그렇게 지겹도록 들었던 조롱과 비난을 다시 듣게 되었을 때 노아의 마음에 숨어있던 분노가 갑자기 폭발한다.

노아가 아들을 사랑하지 않았을까? 그렇지 않았을 것이다. 그러나 순간적으로 치밀어 오른 분노 때문에 실수를 한 것이다. 하지만 그 실수는 너무 치명적이다. 함의 일생에 씻을 수 없는 상처를 안겨주었을 것이다.

거절의 상처 치유하기

* 어머니한테 계속 거절당한 남성

어떤 성인 남성이 엄마한테 받은 심한 거절감 때문에 상담을 받았다. 그 남성은 엄마가 어릴 때부터 자기를 밀쳐내고 거절했다고 말했다. 아버지가 일찍 돌아가셔서 어머니가 생계를 책임지시게 되면서 매일 새벽 5시에 장사하러 나가고, 저녁 8시가 되어야 들어오셨다.

그는 장남으로 동생을 잘 돌보았다. 하지만 어머니가 돌아올 시간이 되면 어머니가 보고 싶기도 하고 가방도 들어드리려고 마중을 나갔다. 그런데 어머니는 자기를 반기는 것이 아니라 왜 나왔냐고 호통을 치셨다. 그때마다 그는 어머니가 자신을 싫어한다고 생각이 되어 너무 고통스러웠다.

그래도 어머니가 좋고 함께 있고 싶었다. 아들이 30대 후반, 아직 결혼을 못하고 있을 때 어머니가 혈액암에 걸리셨다. 산소 호흡기를 끼고 말도 하기 어려워하는 어머니의 모습을 보면서 아들은 자기의 전세 돈을 빼서 수술을 꼭 해드리겠다고 말했다. 그런데 그 말을 듣는 어머니가 그러지 말라고 말씀하셨다.

어머니는 한 달 정도 밖에 살 수 없다는 선고를 받았다. 아들은 어머니를 그냥 돌아가시게 놔둘 수가 없어서 어떻게 해서든 어머니를 고치려고 하였다. 며칠 후 어머니가 조금 좋아진 것 같다고 호흡기를 떼도 될 것 같다고 말하셨다. 가족들과 의사들이 의논하여 그렇게 하기로 했다.

그런데 그 다음 날 산소부족으로 혼수상태에 빠지시더니 이내 돌아가시고 말았다. 아들은 어머니가 너무 원망스러웠다. 자기가 수술을 해주겠다고 했는데 "왜 어머니가 수술을 거부하고 돌아가셨나?" 이해할 수 없고 고통스런 마음만 가득 찼다.

어머니는 왜 아들의 호의를 거절했을까?
어릴 때 자기를 마중 나온 아들에게 왜 화를 냈을까?
그것은 아들을 염려하는 마음 때문에 그런 것이었다. 늦은 밤

노아 가족 : 거절감을 주는 부모

에 어린 아들이 먼 길을 걸어오는 것이 걱정되어 마중 나오지 말라고 호통을 친 것이었다. 또 혈액암 수술을 받지 않으려고 한 것도 아들의 경제적 어려움을 아는 어머니의 깊은 사랑의 마음인 것이었다.

아들이 이제 결혼을 해야 할 시기인데 그 돈을 쓰면 안 되는 것이다. 자기는 살 가망이 없는데 그 돈을 다 써버리면 어떻게 결혼을 하겠는가? 그래서 아들이 수술을 하려고 하니까 스스로 괜찮다고 말하고는 산소 호흡기를 떼고 아들을 위해 죽음을 선택한 것이다. 아들은 어머니의 진심을 깨닫고 한없이 목 놓아 울었다.

* 부모에게 받은 거절의 상처 치유 방법

부모로부터 거절감의 상처를 받은 경우, 먼저 어떤 상처를 받았는지 파악하는 것부터 시작해야 한다. 부모님이 위에 열거한 삶을 살았는지, 아니면 부모가 다음과 같은 양육태도를 가지고 있었는지 파악해본다.

- 자기 기분 내키는 대로 자녀를 대한다.
- 자녀를 미워하고 무시하며 접촉을 피한다.
- 가혹한 벌을 가하기도 한다.
- 아이가 필요로 할 때 곁에 없다.
- 부부간에 싸움이 잦다.

- 경제적, 심리적으로 욕구를 채워주지 않는다.
- 자녀에게 물리적, 심리적으로 폭력을 행사한다.

이런 부모 밑에서 자란 아이는 대체적으로 다음과 같은 양상을 보이게 된다.

- 사랑받을 수 없는 무가치한 존재라고 여긴다.
- 자신감이 없고 무기력하다.
- 대인관계가 원만하지 못하고 사회생활의 적응이 어렵다.
- 자신을 사랑하는 법을 모른다.
- 분노와 적개심이 있으며 다른 사람의 말에 귀를 기울이지 않는다.
- 불안감과 실패감에 휩싸인다.
- 자신의 잘못에 대해 변명하거나 방어한다.
- 공격적 행동과 비행을 저지른다.
- 마음이 냉정한 편이며 사람을 따뜻하게 대하지 못한다.
- 주위 사람들과 화합하지 못한다.

모든 사람은 타인으로부터 사랑과 인정을 받고 싶은 욕구가 있다. 특히 부모에게는 더욱 더 이러한 마음이 크다. 그런데 부모가 자녀에게 거절의 상처를 주면, 부모로부터 버림받았다는 느낌을 갖게 되는데 이 느낌은 세상이 나를 버렸다는 느낌으로까지 연결이 된다. 부모도 나를 사랑하지 않고 나를 버렸는데, 다른 사람이 어떻게 나를 사랑하고 인정해줄 수 있을까 하는 불신과 회의가 마음 깊은 곳에 자리 잡게 된다.

그래서 더 깊은 상처를 받지 않으려고 자신을 숨기게 된다. 이때 자신을 보호하기 위해 여러 다양한 종류의 방어기제를 만들어 자신을 위장한다. 즉 참된 '나'는 숨기고 거짓된 '나'를 만들어 내는 것이다. 이렇게 하는 이유는 나 스스로가 사랑스럽거나 존귀하다고 느끼지 못하기 때문에 다른 사람들도 나를 그렇게 대할 것이라는 불신이 있기 때문이다.

가장 중요한 사람에게 거절당한 상처의 영향력은 자신의 존재뿐 아니라 주변 모든 사람들에게까지 파급되어, 자신의 존재도 믿지 못하고 다른 사람까지도 불신하도록 만든다. 그래서 관계를 멀리하거나 단절하며, 방어적으로 관계함으로서 진실한 관계를 하지 못하는 악순환을 계속 반복하게 된다.

그렇다면 어찌하면 좋은가?
거절의 상처는 누구나 조금씩은 다 가지고 있다. 그러므로 나 자신만 특별히 거절감을 가지고 있다고 생각하고 남몰래 수치심을 가지고 있는 것부터 해결해야 한다. 모든 사람은 죄인이고 불완전하기 때문에 누구나 거절감의 상처를 가지고 있음을 받아들이는 것이 치료의 시작이다. 그리고 중요한 대상과의 관계에서 거절감을 경험했다면 하나님의 은혜와 성령님의 돌보심 가운데 기도하면서 다음과 같은 치유의 과정을 걸어가야 한다.

만약 부모가 나를 거절했다면 그 부모 때문에 마음이 아프고 화가 났을 것이다. 사람이 거절감을 느끼면 아무리 부모라 해도 부정적 감정이 생길 수 있다. 그러므로 **부정적 감정이 일어날 때, 이것이 자연스런 감정임을 인정하고 수용하는 과정이 선결과제이다.**

상처받았다는 것을 인정하고 수용하기 위해서는 힘든 과정을 거쳐야 한다. 그것은 아픈 과거를 기억해내는 일이다. 기억하고 싶지 않은 상처이기에 묻어버렸을 것이다. 아픈 상처를 기억하노라면 그 상처와 함께 고통스런 감정과 사건이 나를 감싸기 때문에 기억해내는 것 자체가 고통이다. 그러나 이러한 과정을 거쳐야만 상처는 치유될 수 있다. 그러므로 용기를 내야 한다. 하나님의 도우심과 성령님의 만져주심에 의지하면서 은혜를 구해야 한다.

용기를 내어 기억하노라면 이전보다 더 괴로울 수 있고 과거에 미처 쏟아내지 못했던 미움과 분노가 올라올 것이다. 이것은 상처 치료를 위해 거쳐야 하는 과정이기에 상처로 인해 속상함과 미움, 분노가 올라온다면 그 마음을 충분히 받아주어야 한다.

이때 부정적 감정과 나 자신을 동일시하지 않도록 하자. 즉 부정적 감정이 생기는 것은 그 당시 부모로부터 거절을 당하여 생긴 감정이었으며, 그 감정 때문에 미운 감정과 연민의 감정 등이 생긴 것이다. 이 감정이 치유되고 나면 새싹이 움트듯 긍정적이면서도 소망의 감정이 조금씩 생겨난다. 긍정의 감정이 생기기 시작하면 중요한 대상(부모나 사랑하는 가까운 사람)과의 관계도 좋아질 것이기 때문에 부정적 감정을 두려워하지 않도록 해야 한다.

때로 이런 문제를 혼자서 해결하려 하는 것은 위험할 수 있다. 상담자에게, 또는 내 마음을 이야기할 수 있는 사람에게 나의 감정을 털어놓는 것이 좋다. 이때 마음을 충분히 표현하는 것이 필요하다. 속상한 마음을 충분히 표현하고 나면 우리 부모도 연약하여 그럴 수밖에 없었던 이유가 있었을 것이라고 이해하고 싶은 마음이 일어날 것이다. 부모의 삶을 점검해보면 부모 자신도 자기도 알지 못하는 깊은 내면의 상처로 인해 어쩔 수 없이 그 길을 걸어간 것을 알게 될 것이다.

그때 내가 미처 예상하지 못했던 이해와 용서의 마음 등이 느껴질 수 있다. 이러한 새로운 감정을 받아들이는 것이 어색한 경우도 있다. 그러나 그 감정을 받아들이는 연습을 하다 보면 긍정적이고 소망스런 나와 만나는 것이기에 행복감을 느낄 수 있을 것이다.

부모의 부족함을 이해하고 그분 나름대로 나를 사랑한 것을 믿어주라. 자녀를 사랑하지 않는 부모는 없다. 자기의 상처와 아픔 때문에 자녀에게 상처를 주는 것이지, 진심은 그것이 아니다. 그리고 이 세상의 부모는 부족하여 나를 거절했지만 전능하신 하나님이 나의 부모가 되어 주심을 믿고 그 품에 나를 의탁하고 맡기는 것이 치료의 핵심이다. 하나님의 사랑으로 나를 안아주고 돌보아주되 충분할 때까지 계속 나를 수용해주고 이해해 주어야 한다.

"내 부모는 나를 버렸으나 여호와는 나를 영접하시리이다(시 27:10)"

또한 힘들었던 시간들을 지나온 나, 다른 사람이 미처 알아주지 못하는 그런 나의 마음들이 남아 있을 것이다. 이때는 내가 나 자신의 부모가 되어 나를 위로하고 품어주라. 여기서 나를 수용해주고 이해해준다는 것은 내가 거절의 상처가 있기에 쉽게 상처받고 쉽게 분노하며 자신감이 없는 등 연약한 모습을 가질 수밖에 없음을 이해하고 받아주라는 것이다. 이러한 내 모습을 충분히 이해하고 받아줄 때 이해하고 받아주는 것 자체가 나를 사랑하고 보듬어주는 것이기에 거절감의 상처가 서서히 치유가 된다. 그리고 이러한 과정을 꾸준히 연습해야 한다. 한 번에 치유될 수는 없기 때문이다.

만약에 내가 의도치 않게 자녀에게 거절감을 준 부모라면, 내가 먼저 하나님의 사랑과 은혜에 의지하여 용서를 받아야 한다. 하나님 앞에 나아가 그동안 자녀에게 거절감의 상처를 준 사건을 기억나게 해 달라고 간절히 기도하면서 자신의 죄와 실수, 무지에 대하여 주님 앞에 회개를 하도록 하자. 진심으로 회개하는 마음으로 하나님 앞에 용서를 구해야 한다.

자녀를 사랑하지만 자녀를 어떻게 양육하는 것인지 그 방법을 몰랐고, 부모가 나한테 해준 그대로 사랑했기에 실수가 있었고, 부족한 점이 있었음을 인정하도록 하자. 자녀를 사랑하지만 방법과 기술이 부족하여 자녀에게 상처를 준 것에 대해 인정하는 것은 용기 있는 일이다.

자신의 잘못과 실수를 인정한 다음, 미숙했던 자신을 용서해 주기로 결심해야 한다. 실수하고 연약한 나를 용서해 주어야 한다. 그럴 수밖에 없는 자신을 이해하고 자신을 용서하라.

그리고 이 모든 과정을 충분히 처리한 다음에는 자녀에게 잘못했다고 고백하라. 자녀가 금방 용서하지 못해도 진심으로 잘못을 인정하고 묵묵히 기다린다면, 관계는 회복될 것이다.

중요한 것은 이것을 실천하는 것이다. 새롭게 인격적인 방식으로 사랑을 하는 법을 배우기로 결심하고 실천해보자. 자녀를 양육하는 법을 열심히 배우고, 나의 태도가 자녀에게 어떠한 영향을 주는지, 자녀가 어떠한 마음을 가지는지 알기 위해 애쓰고, 민감하게 자녀를 살피도록 한다. 그리고 인격적인 방법으로 사랑을 하기 위해 훈련하고 또 연습하자.

발견과 적용

1. 위 이야기를 보면서 어떤 깨달음과 반성이 있는가?

2. 자신의 경험 나누기

위 이야기를 보면서 생각나는 상처나 사건이 있다면 기록해보자.

3. 나눔과 적용

사람마다 거절감의 상처가 다 다르기 때문에 치유의 과정에서는 개인마다 차이가 있음을 인정하자. 사람은 상처를 받은 경우 충분히 공감받고 이해받는 경험이 필요하다. 나의 상처를 믿을만한 사람이나 소그룹에서 나누고 충분한 공감과 위로를 받은 후 위의 내용을 보고 거절감의 상처를 극복하기 위해 내가 해야 할 것이 무엇인지 적어보도록 하자.

04 야곱 가족
편애하는 부모

창세기 37:2-5

2 야곱의 족보는 이러하니라 요셉이 십칠 세의 소년으로서 그의 형들과
  함께 양을 칠 때에 그의 아버지의 아내들 빌하와 실바의 아들들과 더
  불어 함께 있었더니 그가 그들의 잘못을 아버지에게 말하더라

3 요셉은 노년에 얻은 아들이므로 이스라엘이 여러 아들들보다 그를 더
  사랑하므로 그를 위하여 채색옷을 지었더니

4 그의 형들이 아버지가 형들보다 그를 더 사랑함을 보고 그를 미워하
  여 그에게 편안하게 말할 수 없었더라

5 요셉이 꿈을 꾸고 자기 형들에게 말하매 그들이 그를 더욱 미워하
  였더라

자녀를 편애하는 부모

성경에서 편애의 대표 주자가 있다면, 야곱이다. 야곱은 12명의 아들이 있었는데(처음에는 11명이었지만) 그 중 11번째 아들인 요셉을 다른 자녀들과 비교할 수 없을 정도로, 눈에 띄게 편애했다. 야곱이 이렇게 요셉을 편애한 까닭은 자기 자신이 편애 속에서 컸기 때문이다. 야곱의 아버지 이삭은 남성적인 모습을 가지고 있는 형 에서를 사랑했고, 어머니는 여성적인 성향을 가지고 있는 야곱을 사랑했다. 어려서부터 부모님이 각자 자신이 좋아하는 아들을 더 사랑하는 분위기 속에서 자란 야곱이었기에 자신도 모르게 편 가르기식 사랑인 편애에 물들어 있었던 것이다.

그러면 이삭은 왜 에서를 편애했을까? 아브라함은 하나님으로부터 아들을 낳을 것이라는 약속을 받았다. 그런데 그 약속이 오랜 기간 동안 이루어지지 않다가, 아브라함의 나이 100세에 기적같이 아들을 낳게 되었다. 아내인 사라도 이미 월경이 끊어진 후였기에, 이삭은 기적 중의 기적으로 태어난 아들이었다. 이삭이 태어났을 때 노부부의 기쁨이 어떠했겠는가?

어릴 때부터 부모의 전폭적인 사랑과 지지를 받고 자란 이삭이었기에 이삭 역시 자녀를 낳았을 때 가문을 이어갈 장자에게 자신의 정과 마음을 다 주었을 것이다. 이삭의 아내 리브가는 상대적으로 아버지에게 외면당하는 야곱을 측은하게 여겼는데, 야곱은 남성적인 에서와 달리 여성적인 면이 있는 터라 엄마의 마음에 더 들었던 것 같다.

이렇게 이삭의 가문은 이미 부부와 두 아들 간에 편 가르기식 애정 관계가 형성되어 있었으며, 이러한 양육방식인 편애가 대를 물려 전해지는 것을 볼 수 있다. 야곱은 12명의 아들이 있었지만 그중 요셉을 가장 사랑했다. 얼마나 사랑했는지, 그 단적인 예가 바로 '채색옷'이다.

"요셉은 노년에 얻은 아들이므로 이스라엘이 여러 아들들보다 그를 더 사랑하므로 그를 위하여 채색옷을 지었더니(창 37:3)"

채색옷은 명품 중의 명품이다. 이 채색 옷을 다른 아들은 입히지 않고 요셉에게만 지어 입혔다는 것 하나만 봐도 야곱이 요셉을 얼마나 편애했는지 알 수 있다. 야곱이 요셉을 이렇게 편애한 것은 야곱이 사랑하는 아내 라헬의 아들이었기 때문이다.

야곱은 아내가 4명이나 있었다. 그중 라헬을 가장 사랑해서 그 아내를 얻기 위해 외삼촌에게 14년을 봉사했다. 이렇게 사랑한 아내가 낳은 아들이 요셉이니 그 아들이 얼마나 사랑스러웠겠는가? 다른 아들들은 야곱의 눈에 들어오지도 않았던 것 같다.

아버지로부터 사랑을 받지 못한 다른 아들들은 그 마음에 상처와 한을 가지고 살았다. 이러한 한은 이미 사랑받지 못한 여인으로 살았던 그 어머니들과도 연결이 되어 있었다. 야곱의 사랑을 받지 못한 여인들은 그 한을 가지고 있었을 것이며, 그 어머니들은 자신들의 한을 자식들에게 물려주었을 것이다. 그런데 자기의 아버지가 유독 요셉을 사랑하고 자기들을 외면하는 것을 보니 도저히 참기 힘들었을 것이다.

그 속상함과 고통이 얼마나 컸으면 동생인 요셉을 죽이고 싶어 했을까? 그렇다면 반대로 편애를 받은 요셉은 행복하고 좋았을까? 그렇지 않다. 형제들이 자기를 미워하고, 시기하고 질투하는 분위기 속에 성장하면서 어찌 마음이 편할 수 있겠는가? 그래서 편애는 사랑을 받는 자나 받지 못한 자나 모두에게 고통이다.

편애의 사례

초등학교 3학년인 큰 아이가 엄마와 이웃집 아주머니의 대화를 우연히 듣게 되었다.
이웃집 아주머니가 말했다.

"댁의 큰 아이는 참 부지런하고 착해요. 부러워요."

그러나 엄마가 말한다.

"그래요. 하지만 그 애는 좀 덤벙대는 게 탈이죠. 그에 비하면 작은 애가 더 부지런하고 침착하지요. 그래서 저는 큰 애보다 작은 애를 더 좋아해요."

이 말을 들은 큰 아이가 얼마나 충격을 받았겠는가? 큰 아이는 엄마의 말에 심한 상처를 받았다. 부모의 사랑은 자녀의 자존감, 사회성, 다른 사람과의 관계에 큰 영향을 준다. 다른 형제보다 부모의 사랑을 덜 받는다고 느끼는 자녀는 불안, 낮은 자존감, 우울증에 시달릴 확률이 높다.

그 날 이후, 큰 아이는 엄마의 마음에 들기 위해 더욱 부지런히 노력한 결과 덤벙거리는 습관은 좀 고쳐졌지만 동생에 대한 적개심은 더욱 커져갔다. 부모의 잘못된 말 한 마디가 아이에게 평생 지울 수 없는 상처가 되어 형제간의 갈등은 더 깊어갔고 성인이 되어서도 형제 사이가 원수처럼 되고 말았다.

편애의 원인 및 증상

부모가 자녀를 바라볼 때 열 손가락 깨물어 안 아픈 손가락이 없다고 한다. 하지만 실제로는 더 마음이 가는 자녀가 있고 덜 마음이 가는 자녀가 있는 것이 인간의 감정이다.

어떤 사람은 남편과 갈등이 있을 때 남편의 성격이나 외모를 닮은 아들을 미워하기도 한다. 또 어떤 사람은 자신을 미워하듯이 자신을 닮은 자녀를 미워하기도 한다. 내가 나를 싫어하면 나를 닮은 자녀를 싫어하는 것이다. 그래서 '딸이라서 싫고, 아들이라서 싫다.'는 핑계를 만들어서 미워하곤 한다. 이것은 무의식적으로 일어나는 일이기 때문에 자녀를 편애하는 것조차 모르는 경우가 너무 많다.

아버지로부터 심한 편애를 받고 자란 요셉은 심각한 인격장애의 모습을 가지고 있었는데, 그것은 소위 왕자병이라고 하는 자기애성 인격장애의 모습이었다. 자기애성 인격장애는 다른 사람들이 자신을 칭찬하고 높여주기를 기대하고, 인간관계를 자기중심적으로 이끌어가기를 원한다. 그래서 다른 사람의 마음을 공감할 능력이 계발되지 못하고 타인을 이용하고 자신만 높아지고자 한다. 어디를 가도 특별대우를 받는 것이 당연하다고 생각하며 그렇지 않을 때 견딜 수 없는 분노가 일어나게 된다. 자기에게만 집중되어 있기 때문에 자기애성 성격이라고 하는 것이다.

요셉은 아버지의 사랑을 받지 못해서 속상하고 화가 난 형들의 마음을 헤아리지 못하는 자기중심적 성향을 가지고 있었다. 요셉은 형들이 자기에게 절할 것이라는 꿈을 아무런 거리낌 없이 두 번씩이나 말하였다. 형들이 자신의 꿈 이야기를 들을 때 어떤 마음이 들지, 어떤 고통을 느낄지, 전혀 알아차리지 못할 정도로 이기적이고 자기의 감정에만 충실한 사람이었다.

편애는 함께 행복해지는 사랑의 관계를 할 수 없게 만든다.

'나는 훌륭하지만 넌 아니다. 나는 사랑받을 가치가 있지만 너는 아니다.'는 심리가 굳어져 있다. 그는 특별한 사랑을 받았기에 사랑을 받지 못한 자의 고통을 모른다. 서로 행복하게 사는 관계가 어떤 것인지 모르기에 관계가 깨어질 수밖에 없다. 형들의 허물을 과장하여 아버지께 고발하는 요셉의 행동을 볼 때, 특별한 사랑을 받았던 요셉은 계속해서 그 사랑을 독차지하고 싶은 악한 본성도 가지고 있었음을 알 수 있다.

하나님은 요셉을 쓰시기 위해 그를 병적인 관계로 얽혀있는 아버지의 품을 떠나도록 이끄신다. 그리고 항상 사랑만 받고 고생 없이 자란, 연약하고 병적인 이기심에 갇혀 있는 요셉에게 노예의 길과 죄수의 길을 가게 하신다. 한때는 최고의 자리에 있었지만 가장 낮은 자리에 처하게 되는 과정을 통해 요셉의 병들고 왜곡되며 비뚤어진 인격이 다듬어지게 된다.

다른 사람의 마음을 전혀 공감할 수 없던 요셉이었는데, 자신이 고난을 겪으면서 다른 사람의 아픔을 돌아보는 사람이 되었다. 그래서 감옥에서 다른 죄수의 낯빛을 살피며 도와주는 사람이 되어가고 있었다.

그리고 마침내 때가 되었을 때 하나님께서 그를 애굽의 총리로 높이시고 형들과 화해할 수 있도록 기회를 주신다. 이때 요셉은 놀라운 영적 안목을 가지고 자신의 인생을 해석한다.

'나를 여기 노예로 보낸 것은 형들이 아니라, 우리 가족과 가문을 구원하기 위한 하나님의 섭리였습니다.'라고 말하며 오히려 형들을 위로하고 안심시킨다.

편애의 상처 치유 방법

편애는 편애를 받은 사람과 못 받은 사람, 심지어 편애를 한 부모까지 모든 가족을 고통스럽게 한다. 그래서 부모로서 심리적으로 더 마음이 가는 자녀가 있다 하더라도 공평한 사랑을 주고 객관성을 유지하기 위해 노력해야 한다. 그리고 미운 자녀가 있다면 그 이유가 무엇인지 자기를 돌아보아야 한다. 인간은 누구나 자신이 좋아하는 사람을 편애하려는 경향성이 있다. 그러므로 자신이 누구를 더 편애하고 있다면 왜 그런지 그 맥락을 잘 살펴보아야 한다.

부모인 내가 편애한 것이 기억나면 방어하거나 회피하지 말고 자녀에게 사실대로 실수를 인정하고 용서를 구해야 한다. 자녀 또한 자신이 사랑을 받지 못했다는 사실과 그로 인해 상처받았다는 사실을 기억하지 못하거나 회피할 수 있다. 이때 이것을 덮으려 하지 말고 자녀가 속상하고 억울한 마음을 기억해 내어 토로할 수 있도록 기다려주는 것이 좋다. 상처를 치료하는 과정은 많은 시간과 노력이 필요함을 인식하고 애를 써야 한다.

과거에 또는 지금까지 편애하고 있었다면 지금부터라도 귀한 인격을 가진 모든 자녀를 소중하게 대하려는 자세를 가지도록 애써보자. 우리 자녀는 내 것이 아니다. 하나님의 자녀다.

만약에 자신이 다른 형제보다 더 사랑을 많이 받은 사람이라면 내면 심리에 굳어져 있는 자기애성 인격을 치료해야 한다. 나는 사랑을 많이 받은 것이 좋을 수 있으나, 내 주변 사람들이 나 때문에 고통 받고 있었음을 기억하고 나만 사랑받으려는 마음을 버리고 더불어 사랑받고 더불어 행복한 삶을 살아가는 것이 진정한 행복임을 받아들이는 성숙이 필요하다. 진정한 행복은 함께 행복을 누리는 것이며, 더 나아가서 받는 자리에서 내려와 섬기는 자로 베풀며 사는 것임을 알고 그렇게 살기 위해 연습하도록 하자. 그럴 때 하나님께서 나를 통해 위대한 일을 이루어 가실 것이다.

반대로 사랑을 받지 못하고 제외된 자녀라면 비교의식과 열등감, 낮은 자존감으로 인한 고통이 있을 것이다. 이것은 연약한 부모 때문에 받은 고통임을 알고, 전능하신 하나님께서는 나를 사랑하셨음을 기억하며 그 사랑을 믿고 회복의 길을 걸어가야 한다.

그래도 여전히 사랑받지 못한 어린 시절의 상처가 남아 있을 수 있다. 이러한 상처는 부정적인 생각과 감정을 갖게 한다. 이런 경우 요셉의 형들처럼 요셉을 죽이려는 부정적인 행동으로 분노를 표현하지 말고, 부모에게 동등하게 사랑해 줄 것을 정당하게 요구하는 자세가 필요하다. 이때 부모를 공격하는 태도나 분노의 마음을 가지고 표현하기보다 I-메시지로 이야기해야 훨씬 효과적이다.

"어머니, 저는 어머니가 저보다 동생에게 더 사랑을 많이 줄 때 너무 속이 상하고 섭섭했습니다. 저에게도 동생처럼 좀 더 관심을 가지고 부드럽게 대해주셨더라면 좋았을 텐데, 그렇게 하지 않아서 너무 외롭고 힘들었습니다."

그러나 부모님이 대화가 잘 안 되는 경우도 있을 것이다. 이때는 나의 마음을 솔직히 이야기해도 오히려 화를 내시거나 관계가 더 나빠질 수도 있다. 이럴 때는 나의 마음을 이해하고 공감해줄 수 있는 영적 리더나 상담자의 도움을 받는 것이 좋다. 누군가 나의 상처와 마음을 위로해줄 때 상처가 치료될 수 있기 때문이다. 상담자가 부모님을 대신하여 그 마음을 풀어주는 과정을 통해서 상처받았던 자아가 점점 더 힘을 얻어 새롭게 살아갈 수 있을 것이다.

또한 부모님은 나를 사랑해주지 않으셨지만 나를 자녀 삼아 주신 하나님의 사랑을 가슴 깊이 새기고 그 사랑으로 상처를 해결할 수 있다. 부모님이 나를 대하는 태도에서 나의 자존감을 세우는 것이 아니라 하나님이 나를 사랑해주시고 돌봐주신 그 시각을 가지고 나의 자존감을 세울 수 있다. 이것이 신적 자존감을 가지고 사는 것이다.

연약하고 병든 부모의 사랑 대신에 완전하신 하나님의 사랑을 누리면서 사랑받지 못한 고통과 상처를 극복할 수 있다. 만약에 상처로 인한 부정적 자아상이 깊이 내면화되어 있다면 하나님의 사랑과 수용을 묵상하되 그 상처가 없어질 때까지 충분히 묵상하고 느껴야 회복이 일어난다. 충분한 이해와 수용의 과정을 거쳐서 부정적 자아상이 사라지고 긍정적인 자아상, 자신을 존중할 수 있는 힘이 생기게 된다. 그리고 부모의 연약함을 이해하고 편애를 한 부

모를 하나님의 용서하심으로 용서할 수 있는 마음을 가질 때 더 풍
성한 하나님의 은혜가 내 마음에 흐르게 된다. 나 자신이 얼마나
사랑스럽고 멋있는 존재인지 하나님의 시각에서 날마다 말해주고
묵상하며 행복한 나를 계속 키워가기 바란다.

가족치료관점에서 본 성경의 가족이야기

발견과 적용

1. 전체 내용을 읽은 후에 얻어지는 깨달음이 무엇인지 적어보자.

2. 나의 상처 이야기

부모님이 나를 편애해서 내가 최고인줄 알고 살았던 경험이 있거나, 반대로 부모님이 다른 형제를 편애하여 상처 받았던 경험이 있다면 그것이 무엇인지 기록해보자.

3. 나눔과 적용

내가 편애를 받았거나 다른 형제가 편애를 받았던 사건을 믿을 만한 사람이나 소그룹에서 나누고 공감과 위로를 받는 경험을 해야 한다. 그 후 이 상처를 극복하고 새롭고 건강한 나로 살기 위해서는 어떠한 것들이 더 필요한지 적어보고 나누어보자.

05 사울 가족
공격하는 부모

삼상 20:27-34

27 이튿날 곧 그 달의 둘째 날에도 다윗의 자리가 여전히 비었으므로
사울이 그의 아들 요나단에게 묻되 이새의 아들이 어찌하여 어제와
오늘 식사에 나오지 아니하느냐 하니

28 요나단이 사울에게 대답하되 다윗이 내게 베들레헴으로 가기를 간청하여

29 이르되 원하건대 나에게 가게 하라 우리 가족이 그 성읍에서 제사
할 일이 있으므로 나의 형이 내게 오기를 명령하였으니 내가 네게 사
랑을 받거든 내가 가서 내 형들을 보게 하라 하였으므로 그가 왕의
식사 자리에 오지 아니하였나이다 하니

30 사울이 요나단에게 화를 내며 그에게 이르되 패역무도한 계집의 소
생아 네가 이새의 아들을 택한 것이 네 수치와 네 어미의 벌거벗은
수치 됨을 내가 어찌 알지 못하랴

31 이새의 아들이 땅에 사는 동안은 너와 네 나라가 든든히 서지 못하
리라 그런즉 이제 사람을 보내어 그를 내게로 끌어 오라 그는 죽어
야 할 자이니라 한지라

32 요나단이 그의 아버지 사울에게 대답하여 이르되 그가 죽을 일이 무

엇이나이까 무엇을 행하였나이까

33 사울이 요나단에게 단창을 던져 죽이려 한지라 요나단이 그의 아버지가 다윗을 죽이기로 결심한 줄 알고

34 심히 노하여 식탁에서 떠나고 그 달의 둘째 날에는 먹지 아니하였으니 이는 그의 아버지가 다윗을 욕되게 하였으므로 다윗을 위하여 슬퍼함이었더라

자녀를 지배하려는 부모

성경 인물 가운데 자녀를 지배하고 통제하는 양육태도를 보여주는 사람이 바로 사울 왕이다. 사울 왕은 다윗이 거인 골리앗 장군을 죽여 백성들이 '사울 왕이 죽인 자는 천천이요 다윗은 만만이로다'하며 다윗을 더 칭송하자 다윗을 매우 싫어하여 죽이고 싶어 했다.

그래서 자기 아들 요나단 왕자가 다윗이 도망가도록 도와준 것을 알았을 때 거침없이 욕설을 퍼붓고 심지어 창을 던져 죽이려고까지 했다. 사울은 요나단에게 입에 담지 못할 욕을 퍼붓는다.

"패역무도한 계집의 소생아!"

요나단은 물론이고 그 어머니까지 욕하고 있는 것이다. 그리고 '다윗이 살아있는 한 네가 왕이 되기 힘들다'면서 다윗을 죽이려고

한다. 이에 대해 요나단이 아버지에게 다시 항변한다.

"그가 죽을 일이 무엇이니이까 무엇을 행하였나이까?(삼상 20:32)"

요나단은 다윗이 잘못한 일도 없고 하나님이 그와 함께 하는 것을 알기에 왕인 아버지에게 분명히 자신의 의견을 전한다. 그런데 요나단의 말이 끝나자마자 사울이 요나단에게 단창을 던져 죽이려 하였다.

사울은 자녀를 무자비하게 공격하면서 자신의 뜻대로 움직이지 않는 자녀는 수용하지 않는 독재적 부모였다. 아들의 생각과 마음을 존중하지 않고 절대적 복종을 요구하며 무조건 자기 뒤를 이어 왕이 되기를 바라며 명령하였다. 그런데 아들이 자기 원수인 다윗의 편을 드니까 분노해서 죽이려고 한다. 이런 부모를 만나면 자녀의 삶이 완전히 파괴된다.

아버지인 사울 왕에게 언어적, 육체적 폭력을 당한 요나단은 공격적이고 통제적인 양육을 받았음에도 불구하고 아버지와 타인을 공격하는 모습을 보이지 않고 있다. 요나단은 아버지가 다윗을 죽이기로 결심한 것을 확인하고 집으로 돌아가서 다음날까지 음식을 먹지 않는데 그것은 아버지가 자신을 죽이려 한 것 때문에 화가 나서 그런 것이 아니라 아버지가 다윗을 욕되게 한 것 때문에, 다윗을 위하여 슬퍼한 것이었다(삼상 20:33-34).

요나단은 반쯤 미쳐 날뛰는 아버지 사울과 달리 신앙과 인격 모두 성숙한 모습을 보여주고 있다. 어떻게 이런 모습을 가지게 되었을까? 요나단은 오직 하나님을 의지하는 믿음이 있었으며, 요나단이 가진 믿음은 하나님의 사랑에 근거한 믿음이었다.

요나단이 하나님을 의지하여 전쟁에 임하는 모습이 사무엘상 14장에 나온다. 당시 블레셋과 이스라엘이 대치상태에 있을 때 요나단이 부하 한 명을 데리고 적진에 들어가서 20명을 쳐 죽였고, 결국에는 전쟁을 승리로 이끄는 모습을 성경은 기록하고 있다(삼상 14:10).

"요나단이 자기의 무기를 든 소년에게 이르되 우리가 이 할례 받지 않은 자들에게로 건너가자 여호와께서 우리를 위하여 일하실까 하노라 여호와의 구원은 사람이 많고 적음에 달리지 아니하였느니라(삼상 14:6)"

요나단이 보여주는 행동은 하나님을 향한 놀라운 믿음의 행동이었다. 요나단이 전쟁을 벌일 때 사무엘상 14:15절에 보면 "들에 있는 진영과 모든 백성들이 공포에 떨었고 부대와 노략꾼들도 떨었으며 땅도 진동하였으니 이는 큰 떨림이었더라"고 기록하고 있다.

사울 가족 : 공격하는 부모

요나단의 용감한 이 행동은 블레셋 군대를 완전히 공포에 떨게 했다. 이것은 그가 하나님에 대한 절대적인 믿음을 가지고 용감하게 싸웠기에 하나님께서 요나단을 도우셔서 그가 다치지 않도록 사방에 두려움을 주신 것이다. 이렇게 하나님에 대한 절대적인 믿음을 가지고 용감하게 싸웠던 요나단은 자기와 같은 믿음을 가지고 무시무시한 거인 골리앗을 죽이는 다윗을 볼 때 너무나 반갑고 기뻤던 것이다.

요나단은 하나님을 향한 믿음 때문에 다윗이 승리한 것임을 알았다. 또한 영적인 안목으로 볼 때 하나님께서 다윗을 선택하셨음을 알 수 있었기 때문에 그를 시기하거나 질투하지 않았다. 오히려 다윗은 평생 함께 하고 싶은 사람이었다. 역설적인 것은 요나단 자신이 왕자로서 왕위를 계승할 사람이었기에 어찌 보면 자신의 정적일수도 있는 다윗을 미워하거나 죽이려 할 수도 있는데 오히려 다윗을 자기 생명보다 더 사랑했다는 것이다.

그러나 사울왕은 다윗을 미워하고 죽이려 했다. 그리고 자신이 다윗을 미워하고 죽이려하는 것처럼 아들인 요나단도 자신과 똑같은 마음을 가지기를 바랐고 요구하기까지 했다. 사울왕은 이것이 아들을 위하는 사랑이라고 확신했다. 그런데 자기 아들 요나단이 자신의 마음대로 따라주지 않을 뿐더러 자신의 경쟁자인 다윗

편을 드는 것을 보자 화가 나서 자신의 아들이어도 아랑곳 하지 않고 가차 없이 죽이려 하였다. 이것이 바로 지배적이며 통제적인 부모의 마음이요, 태도인 것이다.

요나단은 하나님의 사람인 다윗을 공격하고 자신까지 공격하는 아버지가 이해가 안 되고 동의도 할 수 없었다. 그럼에도 불구하고 그는 아버지를 배신하거나 아버지를 미워하지 않았다. 오히려 그런 아버지를 이해하고 수용하려고 애썼다. 그래서 그는 마지막 죽는 순간까지 아버지 곁에서 아버지와 함께 죽음을 맞이한다.

엄마 눈치를 보며 사는 여집사

중년이 다 된 여 집사님의 이야기다. 집사님은 마음속에서 끊임없이 자신을 야단치는 소리 때문에 너무 괴롭고 힘들어 하였다. 내면에서 자신에 대하여 이런 소리가 계속 들린다고 하였다.

"니가 잘못했잖아..."
"너 때문이야..."
"니가 게을러서 그렇지..."
"니가 멍청한거야..."
"니가 다 망쳤어..."

이런 생각이 들면 자신감은 완전히 사라지고 무기력하고 우울하고 죽고 싶은 마음이 든다는 것이다. 아무 이유 없이 이런 생각이 들 리가 없기에 도대체 왜 그런지 삶의 과정을 살펴보았더니 집사님의 아버지는 집사님을 사랑해 주었지만, 어머니는 아주 작은 실수에도 화를 내며 하나하나 잘못을 지적했다. 특히 어머니가 기분이 좋지 않아 한 번 매를 들면 매가 부러질 때까지 때리기도 했다. 그래서 집사님은 어머니의 분노가 언제 폭발할지 모르는 불안감 때문에 엄마의 눈치를 보면서 자랐다.

지배적(통제적) 양육 태도의 원인 및 증상

지배적 양육태도는 부모가 자녀를 지나치게 통제하고 자기가 원하는 대로 살아가도록 압력을 행사하는 경우에 해당한다. 이런 부모는 자녀를 엄격하고 권위주의적인 태도로 대하며, 자녀를 가혹하게 처벌하기도 한다. 이런 부모들은 자녀의 모습에 늘 불만이다. 그래서 자녀에게 끊임없이 지시, 감독하고, 좀 더 잘 할 것을 요구하면서 기분에 따라 자녀를 대한다. 자녀의 미숙함을 참지 못하고 자녀를 말로, 신체적으로 학대하는 것이다.

남을 지배하며 관계를 맺으려 하는 사람이 요구하는 것은 이렇다.

"넌 나를 위해 존재해야 해. 내 욕구를 채워주되 내 방식대로 채워주고, 내가 시키는 대로 토를 달지 않고 행동한다면 널 가족으로 인정해주고 사랑해 줄게."

지배적인 부모는 가정에서 자주 독재적인 분위기를 조성한다.

"네가 내 집에 사는 한은......." 또는 "내 집에서는 부모의 말에 무조건 복종하고, 불행한 표정을 지으면 안 돼. 넌 행복해야 돼. 네가 불행할 이유가 뭐야?"라는 말을 한다. 그들은 자녀가 화가 나 있으면 문제가 무엇인지 알려고 하지도 않고 "웃어."라고 명령조로 말한다.

지배형 부모는 자주 신체적인 위협으로 자녀를 대하기 때문에 아이들은 자신의 인생과 안전에 위험을 느낀다. 이렇게 성장하면 아이들은 자신의 인생을 위해 발전해야 할 동기 유발이나 권리는 찾지 못하고 시키는 대로 하는 수동적인 성격으로 자라게 된다. 부모가 자신의 고유성, 독특성, 독립성과 자유를 허락하지 않았기에 자신도 자신의 권리를 주장하지 못한다.

지배형 부모는 심리적으로 깊은 불안이 있는 사람이다. 그래서 자신의 불안을 숨기기 위해서 아이를 강제로 자신에게 묶어두려고 한다. 이런 사람은 대개 자신의 말에 무조건 순종하는 수동적인 유형의 사람과 결혼하는 경향이 있다.

지배적인 부모들의 비현실적인 요구는 아이들을 옴짝달싹 못하게 하고 숨 막히게 억누른다. 지배하는 부모는 자녀가 자신의 뜻을 조금이라도 거스르면 참을 수 없어서 자녀에게 자신의 원함대로 살도록 요구한다. 이런 행동은 대개 '가족의 화목과 평화를 위해서'라는 거창한 구호로 포장되지만 배우자와 아이들은 강압적인 배우자나 부모에 대해 분노나 원망을 느낀다. 다만 겉으로 드러내지 않을 뿐이다.

지배하거나 통제하는 부모들이 주로 하는 말은 다음과 같다. 이들이 하는 말 앞에는 '나를 위해' 이렇게 하라는 의미가 무언중에 포함되어 있다.

(나를 위해) 착한 아이가 되어라.
(나를 위해) 예의바르게 행동해라.
(나를 위해) 시키는 대로 해라.
(나를 위해) 1등 해야 돼.
(나를 위해) 부지런한 사람이 되어라.
(나를 위해) 네 형/누나/동생처럼 행동해라.
(나를 위해) 꼭 성공한 사람이 되어라.
(나를 위해) 교회에 다녀라.
(나를 위해) 옷을 깔끔하게 입고 다녀라.

이런 부모 밑에서 자란 아이들은 크면서 어느 날 부모의 강압적인 태도에 반항하기도 한다. 이때 지금까지 수동성 뒤에 자기 욕구를 숨긴 채 잠자코 있던 다른 한 쪽 부모가 아이들이 독재자에 맞서도록 은밀히 부추기며 아이들의 반항적 행동을 암묵적으로 동의하고 승인한다. 결국 독재자, 그리고 그에 항거하는 아이들, 아이들을 이용해 자신의 은밀한 욕구를 채우는 배우자, 이렇게 보이지 않는 삼각관계가 구축된다.

부모에게 비난받고 공격당하며 자란 아이는 자신에 대해 부정적인 자아상을 갖게 된다. 그래서 사람을 피하거나 무서워하며, 부정적인 마음으로 관계하기 때문에 인간관계에서도 문제가 생기며, 관계가 점점 파괴된다. 또한 다른 사람과 자신을 비교하면서 열등감을 느끼며 눈치를 보면서 마음속으로는 이런 자신을 한심하게 여긴다. 그러다 보니 육체적, 정신적 질병을 갖게 된다.

여기서 주목할 점은 아이들이 자라서 어른이 되면 이들이 취하는 행동방식이 강압적인 부모의 행동방식과 비슷해진다는 점이다. 아이들은 공격적인 부모의 방어행동을 몸에 익히게 되고, 어른이 되면 결국 자신이 저항하던 부모와 똑같은 전철을 밟게 된다.

지배(또는 통제)하는 부모에게 받은 상처 치유 방법

심하게 지배적인 행동을 표출하는 부모는 때리고 무시하며 아이들을 신체적으로나 정서적으로 평생 동안 두려움에 떨게 만든다. 이러한 부모들은 심리적인 망상의 병에 시달리거나, 공격적인 성격장애를 가지고 있어서 자신의 욕구불만을 표출할 때 아이들을 때리는 방법으로 표현하거나, 종교적으로 맹신하거나, 또는 내면이 혼란하여 폭력적인 행동을 통제하지 못하는 사람일 가능성이 많다.

신체적인 학대를 받고 자란 아이들이 마음속으로 느낀 부모에 대한 분노와 욕구 불만은 오랫동안 사라지지 않고 마음에 남는다. 마찬가지로 심리, 정서적으로 학대를 받은 아이들도 처음에는 그리 크게 나타나지 않는 것 같아도 마음속에 그 상처가 오랫동안 남는다. 게다가 이러한 학대는 한 세대에서 끝나지 않고 다음 세대로 대물림하는 데 더 큰 문제가 있다. 부모가 자녀에게 거친 말과 행동을 할 때 아이들은 부모로부터 찢기고 버림받는 심리적, 인격적 고통을 느낀다.

먼저 **자신이 지배적인 성격을 가지고 있다면 이 성격을 변화시키지 않으면 가족 전체 구성원들의 인생을 망칠 수 있다는 인식이 필요하다.** 가족은 자신의 소유물이 아니며, 자신의 마음대로 할 수 있는 것이 아님을 인식해야 한다. 가족원들은 존중받을 만한 인격을 가진 사람들이라는 사실을 배워야 한다. 이것이 선행되지 않으면 그 가족들의 인격은 파괴되고 짓밟혀 올바른 삶을 살아가기가 어렵다.

그래서 자신이 지배적이고 통제적이며 심지어 독재적인 성격을 가지고 있다면 이것을 변화시켜야 한다는 생각과 함께 주변의 사람들(영적 지도자, 상담가, 인격적인 동료나 가족 등)의 도움을 받아야 한다. 하루아침에 변화되지 않으므로 오랜 기간 동안 성격을 변화시켜야 함을 명심하고 꾸준히 노력해야 한다.

만약에 우리 부모가 지배적이고 통제적이며 공격적인 부모였다면 이러한 양육태도로 인한 상처를 어떻게 극복할 수 있을까? 우리는 공격적인 아버지를 둔 요나단의 태도에서 강압적이며 폭력적인 부모의 영향을 극복할 수 있다는 소망을 발견하게 된다.

부모에게 지배적이며 공격적으로 양육 받았다 하더라도 하나님의 사랑으로 극복할 수 있다. 위의 사례에서 집사님이 신앙생활을 시작하며 하나님의 사랑을 알아가던 어느 날 마음이 너무 괴로워서 하나님께 기도하기 시작했다. 그런데 놀랍게도 이사야 46:3-4의 말씀을 보고 자신의 상한 마음을 다 받아주시는 하나님을 경험

하게 되었다.[3]

　'육신의 어머니와 다르게, 나를 비난하지 않으시는 하나님! 한없이 나의 고통을 품어주시는 하나님!' 이런 하나님의 사랑을 느끼게 되었다.

　집사님은 하나님의 사랑에 의지하여 자신의 상한 마음을 주님께 고백하며 한참을 통곡하며 기도했다. 실컷 울고 나니 그 마음이 시원해졌다. 상처 입은 마음을 다 토해낸 다음에 하나님이 주시는 놀라운 깨달음이 있었다.

　그 어머니는 어린 시절 부모로부터 버려져 부모의 얼굴도 모른 채 고아원에서 성장하였다. 내가 잘못하면 언제 또 버려질지 알 수 없는 불안과 두려움 속에서 평생을 살아온 것이다. 그래서 딸도 사람들에게 버림받지 않게 하려고 늘 딸의 실수를 지적하고 강하게 공격했다. 그러다가 자기 한이 울컥 치밀어 오르면 자기도 모르게 딸을 가혹하게 학대하게 된 것이다.

　집사님이 이것을 깨닫고 나니 엄마의 양육 방법은 잘못되었지만 엄마의 진심은 자신을 사랑했다는 것을 수용할 수 있게 되었다.

----

3) 야곱의 집이여 이스라엘 집에 남은 모든 자여 내게 들을지어다 배에서 태어남으로부터 내게 안겼고 태에서 남으로부터 내게 업힌 너희여. 너희가 노년에 이르기까지 내가 그리하겠고 백발이 되기까지 내가 너희를 품을 것이라 내가 지었은 즉 내가 업을 것이요 내가 품고 구하여 내리라(이사야 46:3-4)

가족치료관점에서 본 성경의 가족이야기

그래서 엄마를 향한 미움을 놓고 엄마를 용서하였다. 그리고 자신을 너무도 사랑하시는 하나님의 눈으로 자기를 바라보면서 자신을 품어주고 사랑하게 되었다.

뿐만 아니라 내면에서 공격과 비난의 소리가 들려올 때는 '아니야, 너는 사랑스러운 존재야. 인간은 실수할 수도 있어. 실수해도 괜찮아. 천천히 조금씩 더 노력해보자.'라고 자기를 위로하며 점점 더 자유로운 삶을 살게 되었다. 그리고 자신을 학대한 엄마지만 엄마의 사랑의 진심을 확인하고 나니 점점 더 회복이 되었다.

내가 지배하고 통제하는 부모이거나, 또는 지배를 강요당하는 입장에 있었던 경우, 다음의 것을 숙지하여 실제 삶에서 실천해보기를 바란다.

첫째, 가족 내에 상대방을 굴복시켜 지배하려는 사람이 있다면, 가족원 중에서 가장 힘이 센 사람이 그가 힘을 행세하지 못하도록 앞장서서 막아야 한다. 좀 더 힘이 있는 사람이 (아이보다는 다른 배우자) 그 힘으로 막아야 한다. 그렇지 않으면 독재와 횡포는 계속되고 가족은 결코 행복해질 수 없기에 외부의 도움(영적 멘토, 상담자, 필요시 경찰 등)을 받아서라도 힘이 있는 사람이 변화를 시도하는 용기를 내야 한다.

사울 가족 : 공격하는 부모

둘째, 만일 내가 강압적인 부모라면 내 무의식 속에 어떠한 불안이나 두려움이 숨어있는지 살펴보아야 한다. 불안이나 두려움이 내재화되어 있을 경우 이를 극복하기 위한 방어기제 때문에 외부적으로 강한 태도로 반응할 수 있다. 연약한 나를 치유해야만 이러한 강압적인 태도를 벗을 수 있다. 거부당하지 않으려고 (자신을 보호하려고) 타인에게 힘을 행사했음을 인정하며, 이것이 타인에게 피해를 주었음을 수용해야 한다.

셋째, 내가 가족을 지배하는 행동은 오랫동안 학습된 패턴이어서 쉽게 변화되지 않음을 인정해야 한다. 나도 모르게 과거의 원가족 관계에서 학습된 패턴이 나를 지배하는 것이기에 이러한 패턴을 없애기 위해 꾸준히 연습해야 함을 이해하자. 변화가 잘되지 않으면 하나님의 은혜를 구하면서 기도하고 상담자의 도움도 받으면서 열심히 노력하도록 하자.

넷째, 내가 만일 강압적인 부모와 함께 살고 있다면 부모님께 '저를 강압적으로 대하시기보다 저를 믿어 주시고 부드럽게 대해 주시면 좋겠습니다. 그렇게 해주신다면 제가 힘을 내어 좀 더 잘 살 수 있을 거예요.'라고 용기를 내어 표현해보자. 인간은 누구나 인격적으로 지배당하지 않고, 자신만의 고유하고 독자적인 방식으로 살아갈 권리가 있다는 사실을 먼저 받아들이고 지혜로우면서도 겸손한 자세로 전달해 보자.

다섯째, 나의 강압적인 태도로 배우자와 아이들에게 상처를 주었다면 그동안의 태도에 대해 사과해야 한다. 하지만 앞으로 계속 노력해도 아직은 과정 중에 있기에 또 다시 강압적인 태도가 나올 수 있음을 알려주고 위축되거나 상처받지 않아도 된다고 설명해주도록 하자. 아이들에게 더 이상 가정에서 쫓겨나거나 혼날 까봐 두려워하지 않아도 된다는 사실을 일깨워주도록 한다.

사람이 회복되고 치유되려면 누군가 나를 사랑해주는 한 사람이 있어야 한다. 하나님의 사랑으로 나를 사랑해주는 한 사람의 사랑을 입을 때 우리는 고통과 아픔에서 놓임 받을 수 있다. 하나님은 우리가 상처를 극복하여 상처 입은 치유자가 되어 사람을 이해하고 사랑하는 위대한 삶으로 나아가기를 원하신다.

그리고 우리의 육신의 부모와 달리 하나님께서는 내가 실수하고 잘못해도 지적하고 비난하고 벌주는 무시무시한 하나님이 아님을 인식하도록 하자. **언제나 나를 비난하지 않으시고 내 편이 되어주시는 하나님을 묵상해야 한다. 내 아버지 되신 하나님은 나의 육신의 부모와 다르다는 사실을 늘 기억해야 한다.**

하나님께서는 우리가 실수했을 때 비난하는 것이 아니라, 실수한 이유를 깨닫게 하셔서 교훈 받을 수 있도록 도와주신다. 아직 치료의 과정 중에 있거나 회복의 과정 중에 있는 성도들에게도 하나님의 사랑, 하나님의 은혜가 풍성하게 임한다면 하나님의 사랑으로 공격의 상처에서 놓여날 수 있다.

발견과 적용

1. 전체 내용을 읽은 후에 얻어지는 깨달음이 무엇인지 적어보자.

2. 나의 상처 이야기
나의 경우 부모님이 나를 공격하여 상처 받았던 경험이 있다면 그것이 무엇인지 기록해보자.

3. 나눔과 적용
내가 공격받은 사건을 믿을만한 사람이나 소그룹에서 나누고 공감과 위로를 받은 후 이 상처를 극복하고 새롭고 건강한 나로 살기 위해서는 어떠한 것들이 필요한지 적어보고 나누자.

06 이새 가족
방치하는 부모

사무엘상 16:10-12

10 이새가 그의 아들 일곱을 다 사무엘 앞으로 지나가게 하나 사무엘
   이 이새에게 이르되 여호와께서 이들을 택하지 아니하셨느니라 하고

11 또 사무엘이 이새에게 이르되 네 아들들이 다 여기 있느냐 이새가 이
   르되 아직 막내가 남았는데 그는 양을 지키나이다 사무엘이 이새에
   게 이르되 사람을 보내어 그를 데려오라 그가 여기 오기까지는 우리
   가 식사 자리에 앉지 아니하겠노라

12 이에 사람을 보내어 그를 데려오매 그의 빛이 붉고 눈이 빼어나고
   얼굴이 아름답더라 여호와께서 이르시되 이가 그니 일어나 기름을 부
   으라 하시는지라

자녀를 방치한 이새

우리가 잘 알고 있는 다윗은 방치형 아버지 이새 밑에서 자랐다. 하나님은 불순종하는 사울왕을 버리신 후에 선지자 사무엘을 통해 새로운 왕에게 기름 부으려고 하신다. 하나님의 인도하심에 따라 사무엘이 이새의 집으로 갔다. 이새는 자기 아들들을 다 불렀다. 잘생긴 첫째 엘리압부터 시작해서 7명의 아들이 차례로 사무엘 앞을 지나갔지만 하나님은 그 모든 아들들을 선택하지 않으신다.

사무엘이 아들이 더 있냐고 물으니 그제야 막내 아들 다윗을 부른다. 사무엘이 아들들을 불러달라고 했을 때 막내 다윗은 그 자리에 있지도 않았다. 아버지는 막내 다윗에게 아무런 사랑도, 기대도, 관심도 없었기에 아예 부르지도 않았던 것이다. 아무 혜택도 주지 않고 밖에서 양을 치게 할 만큼 다윗은 천덕꾸러기 아들이었다.

"다윗이 무슨 일을 하겠어? 걔가 무슨 훌륭한 사람이 될 수나 있겠어?"

자기 아들이었음에도 불구하고 그 아이의 가능성마저도 무시하며 아들 취급도 하지 않고 학대한 것이다. 다윗은 아버지에게 버려진 아들이요, 방치된 아들이었다. 아버지 이새는 다윗의 형들에게는 관심이 있었지만, 막내인 다윗에게는 관심을 주지 않았다. 그 당시의 막내는 위치나 역할에 있어서 관심을 받을 수 없는 존재였다.

아버지 이새로부터 방치된 삶을 살았던 다윗은 너무 가슴 아프게도 나중에 부모가 되어서 자신의 자녀를 방치하게 된다. 다윗이 자녀들을 방치한 것은, 나라를 통치하느라 바쁜 탓도 있겠지만 자신이 방치로 자라, 자녀를 어떻게 돌보고 양육해야 하는지 몰라서 그랬을 가능성이 있다.

혼자 자란 다윗, 그 외로움과 고독을 하나님과의 관계에서 풀어내었다. 다윗은 하나님의 깊은 사랑과 돌봄을 받으며 살았기에 아버지가 되었어도 자신의 자녀들에게 도움을 주지 않아도 하나님이 그들을 키우실 것이라 기대한 것 같다.

부모로부터 어떻게 살아야 하는지 배우지 못한 자녀는 자신이 스스로 판단하면서 삶을 살아갈 수밖에 없다. 어른이 되어가면서 신앙적으로나 인격적으로 성숙한 사람의 도움을 받으면 건강하게 자라날 수도 있다. 그러나 대부분은 자기 생각을 과신하며, 왜곡된 자신의 생각대로 살아가면서 하나님이나 권위자의 말에 순종하지 못하게 된다. 불행하게도 다윗의 자녀들 중에 이런 모습을 가진 자가 많았다.

기본적인 돌봄도 받지 못한 여 집사

어떤 여집사님의 이야기다. 집사님은 어려서부터 부모님이 자주 싸우고 갈등이 많은 가정에서 성장하였기에 심리적 불안과 두려움을 가지고 살아왔다. 또한 부모님 두 분이 함께 사업을 하느라 늘 바빠서 방치된 채 살아왔다.

식사를 챙겨주지 않은 것은 물론이거니와, 배변훈련이나 청결에 관한 생활훈련도 제대로 해주지 않았다. 학교 다닐 때는 과제물이나 준비물을 챙겨주지 않았고, 여성의 신체적 변화 뿐 아니라 여성의 삶에 대해서도 전혀 가르쳐 주지 않아 당황스러운 경험을 많이 겪기도 했다.

어릴 때부터 부모가 돌봐주지 않기 때문에 내 인생은 내가 알아서 살아야 한다는 신념이 강하게 있었다. 그래서 언제나 자기 일은 스스로 하려고 애를 썼다. 하지만 어린 아이가 자기 힘으로 살려고 하니 '내가 하는 게 맞나?' 늘 불안하고 염려가 되고, 고독하고 외로웠다.

그러나 자기 힘으로 살려고 애썼기 때문에 열심히 공부해서 좋은 대학에 갔고 졸업 후에는 좋은 직장에 취업하였고 일도 잘 해서 매우 인정을 받았다.

이분이 어떤 남자를 소개로 만났는데, '이 남자라면 나를 돌봐줄 수 있겠구나'하는 마음이 들어서 결혼을 했다. 하지만 결혼을 했어도 자꾸만 남편의 사랑이 믿어지지 않았다. 여전히 그 마음 깊은 곳에는 늘 고독하고 외로운 마음이 가득하였다. 한 순간도 행복한 적이 없었다고 느낄 때 그 부부의 삶이 얼마나 어려웠겠는가?

방치의 원인 및 증상

방치는 자녀를 돌보지 않고 그냥 내버려두는 것을 말한다. 방치에는 여러 종류가 있다. 자녀를 제대로 먹이지 못하는 음식의 방치, 자녀를 혼자 집에 두고 나가는 돌봄의 방치, 자녀와 이야기하지 않는 대화의 방치, 쓰다듬어 주거나 안아주지 않는 접촉의 방치, 함께 놀아주지 않는 놀이의 방치 등이 있다.

방치 중에서 정서적인 방치도 아이들에게는 큰 상처가 된다. 아이가 밖에서 놀다가 동네 형한테 얻어맞고 울면서 들어왔다면 부모는 아이를 안아주며 마음을 달래주어야 한다. 그리고 아이와 함께 문제 해결을 시도해야 한다. 그러나 아이가 울거나 말거나 부모가 그 고통을 알아주지 않고 해결해주지도 않으면서, 화를 내거나 억압하도록 하면 그것은 정서적인 방치가 된다.

부모가 자녀를 방치하게 되는 이유는 다양하다. 부부의 맞벌이, 부모의 과로, 부모가 오랜 질병으로 누워있거나 병원에 입원해 있는 경우, 부모의 가난, 알코올 또는 무엇인가에 중독되어 있는 경우, 혹은 부부의 별거 등이다. 부모의 이혼과 죽음도 심각한 방치에 속한다. 이런 경우 자녀는 어쩔 수 없이 부모 중의 한 사람과 헤어지게 되는데 그것은 지속적인 방치의 문제를 낳게 된다.

방치형 부모들은 곤경에 빠진 자녀들을 돕지 않고 내버려둔다. 이들은 자녀의 필요를 채워주는 돌봄, 관계를 통한 지지, 혹은 적절한 훈계를 하지 않는다. 아이들은 아무런 대책도 없이 스스로 살아남도록 방치되었다. 방치적 상황은 흔히 아이들을 짓누르고, 수치스럽게 하거나 수많은 혼란에 빠지도록 한다.

어린 소녀가 자기 연민에 빠진 엄마로부터 방치되어 엄청난 고통을 겪었던 글이 있다.

"나는 엄마의 침묵 속에 홀로 남겨져 있었다. 우리는 어떠한 말도 하지 않았다. 한 번도 바라보지 않았다. 나는 침울하고 우울하게 죽음의 그림자 아래 머물고 있었다. 엄마에게 '제가 무엇을 해 드릴까요?'라고 물었다. 엄마는 나를 쳐다보았다. 엄마의 고통은 소름끼칠 정도로 심하여 차마 볼 수 없었다. 그 때 나는 차라리 내가 죽어버리는 것이 나을 것 같다고 생각했다(Francine Rivers, "The Last Sin Easter", 17)."

방치의 결과로 아이들은 사랑받지 못하고, 보호받지 못하며, 버려졌다는 느낌을 갖는다. 절망이 엄습하면 우울증, 무감각, 불안 그리고 통제 불능의 행동으로 이어진다. 이러한 아이들은 소속감과 의미를 추구하며, 명확한 규칙들과 방향을 제시해 줄 권위, 즉 또래들이나 폭력배 무리들을 찾게 된다. 결국 그들은 어느 누구도 자신을 충분히 이끌어주지 않는 방치의 외로움에 속에 사느니 차라리 독재적 리더를 따르는 편이 더 낫다고 생각하게 된다.

방치된 사람들의 가장 주된 감정은 외로움이다. 외로움이 언제나 가슴 밑바닥에 고여 있다. 아무도 자신을 소외시키거나 왕따 시키지 않았음에도 불구하고 늘 소외감과 가슴을 후비는 깊은 외로움을 느끼며 살아간다. 삶이 춥게 느껴지고, 세상을 사는 것이 너무 힘든 것이다.

가족치료관점에서 본 성경의 가족이야기

외롭기 때문에 사람들과 함께 어울리고 싶고 친밀감을 느끼고 싶은 마음이 간절하다. 그러나 친밀감을 형성할 수 있는 방법을 모르기 때문에 관계가 늘 어렵고 멀게 느껴진다. 친밀한 관계를 어떻게 맺을 수 있을지 막막하다. 결국은 사람들과의 만남을 부담스럽게 느끼고 회피하며 마음의 벽을 쌓고 그 속에 혼자 있게 된다.

또 감정을 오랜 세월 묻어두고 살아왔기에 자기감정을 알고 표현하는데 어려움을 느낀다. 그래서 다른 사람에 대한 공감 능력이 부족하다. 방치 속에 자란 아이는 부모가 자신의 욕구나 필요를 무시하고 방치하였기에 스스로 자신을 돌보는 데에도 소홀하다. 이런 사람이 성인이 되어 자녀를 낳으면 자기 자녀에게도 방치형 부모가 되는 경우가 많다. 돌봄을 받아본 적이 없기 때문에 자기 자녀를 어떻게 돌보아야 하는지 모르는 것이다.

방치의 상처 치유 방법

방치로 자란 다윗은 하나님과의 관계에서 인격적인 관계를 하는 것을 볼 수 있다. 다윗은 어떻게 건강한 인격을 가지게 되었을까? 그 비결은 다윗은 하나님을 아버지로 삼고, 하나님을 온전히 의지하며 살았기 때문이었다. 다윗은 들에서 양을 치면서 어려울 때, 위기의 순간에 늘 하나님이 지켜주시고 돌보시는 것을 경험했다.

"또 다윗이 이르되 여호와께서 나를 사자의 발톱과 곰의 발톱에서 건져내셨은즉 나를 이 블레셋 사람의 손에서도 건져내시리이다(삼상 17:37)"

다윗은 그 누구의 돌봄도 받지 않았지만 하나님께서 자신을 돌봐주신다는 것을 확실히 믿고 살았다. 그래서 하나님께서도 다윗의 이런 중심을 아시고 사무엘 선지자에게 "다윗에게 기름을 부으라(삼상16:12)"고 말씀하셨다.

아버지 이새는 다윗에게 관심과 사랑을 주지 않았지만 하나님께서는 다윗의 중심을 보시고 다윗을 사랑하시고 다윗과 함께 동행하셨다. 그래서 다윗은 시편 23편을 노래하며 하나님을 평생 의지하는 삶을 살았다. 들에서 양을 치면서 만난 하나님은 말 그대로 다윗의 목자 되시는 하나님이었다. 하나님은 다윗을 돌보시고 의의 길, 비전의 길을 걸어가게 하셨다.

다윗은 하나님 때문에 지혜로운 사람이 되었고, 양들을 돌보듯 백성을 사랑하는 따뜻한 마음과 책임감이 있었으며, 어떤 고난도 헤쳐 나가는 믿음을 가질 수 있었다.

그런데 아쉬운 것은 다윗은 하나님을 사랑하고 신뢰하는 관계를 맺었기에 방치의 상처가 치유되었지만, 다윗의 자녀들은 아버지 다윗이 방치한 상처를 그대로 안고 살았다는 사실이다. 다윗은 하나님과의 관계에서는 인격적으로 성숙한 관계를 하였다. 그래서 하나님의 뜻대로 백성과 나라를 통치하였으며, 어떤 문제든지 하나님과 상의하며 문제를 해결해갔다. 하지만 가정을 통치할 때에는 하나님께 묻지 않았으며, 자녀들이 문제를 일으킬 것에 대해서도 별로 염두에 두지 않은 것 같다. 다윗은 자녀들을 세심하게 돌보지 않았으며, 인격적으로나 신앙적으로 양육하지 못했던 것 같다.

부모로부터 방치되었던 사람은 하나님과의 관계에서도 하나님의 사랑을 잘 느끼지 못하고 하나님의 돌봄을 믿지 못한다. 그래서 신앙이 잘 성장하지 못하는 경우가 많다. 그러나 **다윗이 하나님의 사랑을 깊이 경험함으로 상처를 치유하고 건강한 인격으로 회복되었던 것처럼 우리들도 하나님과 인격적인 만남을 하게 되면 건강한 삶을 살아갈 수 있다.**

앞에서 방치로 고통 속에 살던 집사님이 하나님을 만남으로 놀랍게 회복이 되는 일이 일어났다. 외롭고 고독한 마음에 어쩔 줄 몰라 하던 집사님을 어떤 권사님이 전도를 했다. 교회를 다니며 신앙생활을 하는데 어느 순간 하나님의 사랑이 가슴에 느껴지게 되었다. 말씀을 읽는데 요한복음 말씀이 눈에 확 들어왔다.

"내가 너희를 고아와 같이 버려두지 아니하고 너희에게로 오리
라(요 14:18)"

이 말씀에서 '고아'라는 단어가 마음에 꽂히면서, 나를 고아처럼
버려두지 않겠다는 말씀에 까닭을 알 수 없는 눈물이 왈칵 쏟아졌
다. 그러면서 자신에 대해 깨달아지게 되었다.

'아, 그동안 내가 고아처럼 살았구나.'

'부모님이 다 계시지만 내 마음은 고아와 같았구나……'

자신이 왜 그토록 고독과 외로움을 느껴야 했는지 갑자기 이해
가 되기 시작했다.

'인생의 허무, 서러움, 한의 이유가 고아처럼 버려진 인생이었
기 때문이구나. 사랑받지 못함으로 인해 나 자신을 가치 없게 느
끼고 살았구나…… .' 하는 자신에 대한 외로움의 깊이를 알게 되
었다.

'주님께서 나를 고아처럼 내버려 두지 않으신다고 하시니 얼마
나 감사한가?'

하나님의 깊은 사랑의 말씀에 위로를 받았다.

'부모님은 삶이 너무 바쁘고 지쳐서 나를 돌봐주지 못하고 삶을

가르쳐주지 못했다. 그러나 내 하나님은 나의 아버지 되셔서 나를 보호하시고 가르쳐주시고 늘 나와 함께 하시는구나.'하는 생각이 엄습하면서 마음 깊은 곳에 있던 외로움과 고독이 치료되기 시작했다. 그리고 말씀을 공부하면서 삶을 어떻게 살아야 하는지 하나하나 새롭게 배우는 것이 너무 즐겁고 신이 나기까지 했다.

부모님이 자신을 방치할 때는 자기 인생이 아무 쓸모없는 것처럼 느껴지고 인생이 허무하게 느껴졌다. 그러나 이제 하나님의 사랑 안에 살아가니까 자신의 삶이 너무 귀하게 생각되었다. 자신을 가치 있게 만들어 주신 하나님 때문에 하나님이 원하시는 삶을 살고 싶은 마음이 점점 더 커지면서 행복감을 느끼게 되었다.

하나님은 한순간도 우리를 방치하지 않으신다. 우리 안에 내주하셔서 24시간 동행하시며, 오직 나만 집중하여 사랑하신다. 먹이시고, 돌보시고, 동행하시고, 이끄시고, 힘주시고, 비전을 위해 하나님의 영광을 위해 살게 하시고, 열매를 얻게 하신다.

우리를 고아처럼 버려두지 않으시는 하나님이 계시고, 성령님께서 늘 우리 마음에 함께 하시기에 우리는 외롭지 않다. 두렵지 않다. 하나님과 동행하면서 그분의 도우심을 구하면서 하루하루 멋지게 살아갈 수 있다. 더 이상 나의 인생은 나 혼자가 아니다. 나를 사랑하시는 하나님을 의지함으로 평안하고 담대한 인생을 살아갈 수 있다.

하나님과의 인격적 만남으로 방치의 여러 문제들이 치유되어 회복된다면 너무 감사하고 기쁜 일이지만 그렇지 못한 경우에, 또 다른 방법이 요구된다.

방치로 자란 자녀는 마음 깊은 곳에 외로움과 고독이 자리 잡고 있다. 또한 지지와 사랑의 말이나 관심을 충분히 받은 경험이 부족하여 자신이 사랑스럽지 못하고, 보호받을 수 없으며, 버려졌다는 느낌을 갖는다. 그래서 마음 깊은 곳에서 소속감과 하나 됨의 관계를 열망한다. 이때 강력한 하나됨을 추구하는 사이비교주에게 빠져서 그를 따르는 상황이 발생하기도 한다.

그러므로 이러한 내면의 심리를 이해하고 알아주면서 그 사람에게 관심과 사랑을 줄 누군가가 필요하다. 즉 따뜻한 사랑과 명확한 규칙들과 방향으로 이끌어 줄 권위자나 또래의 도움이 필요하다. 아직 믿음이 부족하고 하나님에 대한 믿음이 없는 부족한 경우에 영적인 멘토가 그의 아픔과 상처를 알아주고 위로해주며 지지해주는 과정이 필요하다.

교회 공동체의 리더, 교사나 선배들이 사랑을 확인시켜주고 그들의 능력을 찾아주고, 어떻게 살아야 하는지 관심을 가지고 이끌어줄 때, 방치의 외로움과 불신의 상처가 회복될 수 있다. 이 과정에서 사랑을 주는 한 사람이 필요하다.

발견과 적용

1. 전체 내용을 읽은 후에 얻어지는 깨달음이 무엇인지 적어보자.

2. 나의 상처 이야기

나의 경우 부모님이 방치하여 상처 받았던 경험이 있다면 그것이 무엇인지 기록해보자.

3. 나눔과 적용

나의 상처를 믿을 만한 사람이나 소그룹에서 나누고 공감과 위로를 받은 후 이 상처를 극복하고 새롭고 건강한 나로 살기 위해서는 어떠한 것들이 필요한지 적어보고 나누자.

07 다윗 가족
혼란을 주는 부모

삼하 14:21-24

21 왕이 요압에게 이르되 내가 이 일을 허락하였으니 가서 청년 압살롬
   을 데려오라 하니라

22 요압이 땅에 엎드려 절하고 왕을 위하여 복을 빌고 요압이 이르되
   내 주 왕이여 종의 구함을 왕이 허락하시니 종이 왕 앞에서 은혜 입
   은 줄을 오늘 아나이다 하고

23 요압이 일어나 그술로 가서 압살롬을 데리고 예루살렘으로 오니

24 왕이 이르되 그를 그의 집으로 물러가게 하여 내 얼굴을 볼 수 없게
   하라 하매 압살롬이 자기 집으로 돌아가고 왕의 얼굴을 보지 못하
   니라

자녀에게 혼란과 오해를 주는 다윗

다윗은 위대한 믿음의 사람이었지만 자녀에게는 혼란과 오해를 불러일으키는 아버지였다. 특별히 압살롬이 볼 때 아버지 다윗은 정말 이해하기 어려운 아버지였던 것 같다. 압살롬과 암논은 이복 형제였다. 그런데 이복형인 암논이 자기의 친 여동생 다말을 강간하는 아주 끔찍한 사건이 일어났다. 압살롬은 분개하였고 이 일에 대해 아버지 다윗이 정당하게 처리해주기를 기다렸다.

그러나 아버지 다윗은 이 일에 대해 아무런 조치를 취하지 않았다. 이런 아버지의 모습에 실망한 압살롬은 2년 동안 철저하게 복수를 계획하고 준비하였다. 결국 압살롬은 암논을 살해하고, 자신의 외할아버지인 그술 왕 달매에게로 도망가게 된다.

다윗은 암논이 잘못했을 때도 아무 말 없이 넘어갔듯이 이번에도 살인을 한 압살롬을 징계하지 않고 그냥 내버려두었다. 오히려 시간이 지나면서 압살롬을 더 보고 싶어 했다. 죄를 지었으니 죄에 대해서는 책망하고, 그 죄에 적절한 징계를 해서 죗값을 물어야 한다. 또 보고 싶으면 아비로서의 사랑과 애정의 마음을 표현하면 되는데 다윗은 압살롬이 보고 싶어도 부르지 않고 그냥 애타게 보고 싶어 할 뿐이었다.

다윗 왕이 너무 마음 아파하자 다윗의 곁에 있던 요압장군이 꾀를 내어 다윗의 허락을 받아 압살롬을 돌아오게 했다. 하지만 다윗은 돌아온 압살롬을 만나지 않는다. 아마도 압살롬을 만나지 않는 것이 다윗으로서는 압살롬을 징계하는 방법이었던 것 같다. 뿐만 아니라 다윗의 사랑 표현 방법은 직접적이기보다 간접적인 방법이 더 많았다.

자기를 보고 싶어 하는 아버지의 마음을 모르는 압살롬은 자기를 불러다놓고 아무 말도 없고, 만나주지도 않는 아버지를 보고 더욱 더 고통스러웠을 것이고 자신을 거절하는 것으로 생각되어 더 피가 마르는 고통을 겪을 수밖에 없었다.

아버지를 2년 정도 만나지 못한 압살롬은 요압장군을 통해 아버지와 만날 수 있도록 주선을 부탁한다. 결국 아버지를 만났지만, 다윗은 그저 형식적으로 압살롬과 포옹하고 입맞춤을 하는 것으로 끝을 낸다. 아버지를 다시 만나 화해를 시도했지만 아버지의 따뜻한 사랑을 느끼지 못한 압살롬은 후에 아버지를 반역하는 계획을 세우게 된다.

아버지에게 버림받았다고 오해한 압살롬은 인륜도 저버리는 가장 무자비한 인간이 되어버린다. 자녀가 아버지에게 반역을 할 정도면 '당신은 내 아버지가 아니다. 당신은 인간도 아니다.' 이런 정도의 실망과 분노가 있어야 가능하다. 압살롬이 보기에 다윗은 왕의 자격도 없고 아버지로서는 더욱 더 자격이 없다고 생각하였기에 아버지를 반역할 계획을 세운 것이다.

꾀가 많았던 압살롬은 성문에서 사람들의 억울한 문제들을 풀어주면서 백성의 마음이 다윗 왕에게 가지 못하고 자기를 향하도록 정책을 펴 나갔다. 성경은 이것을 '이스라엘 사람의 마음을 압살롬이 훔쳤다'고 기록하고 있다(삼하 15:6). 4년 동안 압살롬은 치밀하게 백성들의 마음을 도적질한 다음에 다윗의 신하와 장로들, 그 외에 많은 사람들을 포섭하였다.

드디어 4년이 지나 압살롬은 아버지 다윗 왕에게 반역의 깃발을 올렸고, 다윗은 혼비백산하여 궁궐을 빠져나가 요단강을 건너 도망을 쳤다. 그리고 다윗을 따르는 군대와 압살롬을 따르는 군대가 전쟁을 벌이게 되었다. 그런데 압살롬의 군대가 숫자도 더 많고 더 강했다.

이런 상황에서 다윗은 자기를 따르는 장군들에게 이상하고도 혼란스러운 부탁을 한다. 그것은 적군의 대장인 '압살롬의 목숨을 해치지 말라'고 신신당부하는 것이다. 이러한 부탁은 아군의 사기를 떨어뜨리는 말이요, 행동이다. 아버지를 배신하고 나라를 배신한 반역자, 반역의 주모자를 살려두어야 하는 이상한 전쟁을 하게 되었다. 하지만 하나님께서 다윗의 편을 들어주셔서 다윗이 승리를 하게 되었다.

결국 이 전쟁에서 압살롬은 요압장군의 창에 찔려 죽임을 당한다. 압살롬이 죽었다는 보고를 받은 다윗은 괴로워하며 대성통곡을 한다. 반역자를 처치한 것이 공이 아니라 오히려 다윗에게 아픔을 주게 되었으니 따르던 백성들이 모두 죄인이 된 심정이었다. 백성들은 승리했지만 마치 패배한 사람들처럼 침울하게 예루살렘으로 조용히 들어가게 되었다.

백성의 지도자요, 전쟁을 승리로 이끌어야 하는 다윗은 개인적인 연민에 빠져서 백성을 혼란에 빠뜨리고 말았다. 이 상태가 좀 더 지속되면 백성이 분노하고 그 마음이 다윗에게서 모두 떠나갈 상황에 이르게 되자 이것을 참을 수 없었던 요압이 사무엘하 19장 6-7절에 다음과 같이 간언한다.

"왕께서 미워하는 자는 사랑하시며 사랑하는 자는 미워하시고...
(삼하 19:6)"

"이제 곧 일어나 나가 왕의 부하들의 마음을 위로하여 말씀하옵소서 내가 여호와를 두고 맹세하옵나니 왕이 만일 나가지 아니하시면 오늘 밤에 한 사람도 왕과 함께 머물지 아니할지라 그리하면 그 화가 왕이 젊었을 때부터 지금까지 당하신 모든 화보다 더욱 심하리이다 하니(삼하 19:7)"

다윗 가족 : 혼란을 주는 부모

다윗이 압살롬을 대하는 태도에 굉장한 모순이 있음을 요압 장군이 정확하게 지적한 것이다.[4] 반역을 하여 나라를 빼앗은 주범인 압살롬을 미워해야 하는데 그를 사랑하고, 죽었다고 통곡까지 하고 있으며, 다윗과 나라를 위해 목숨 바쳐 충성한 장군들과 자기를 따르던 신하들과 백성들은 오히려 미워하는 듯 한 느낌을 주고 있으니 얼마나 혼란스럽고 당황이 되겠는가?

다윗이 이런 행동을 한 것은 다 그릇된 연민의 정 때문이었다. 연민의 정과 원칙 사이에서 어떻게 하는 것이 옳은지 고민하지 않고 그냥 연민의 정을 따를 때 자녀 양육뿐 아니라 정치에도 이처럼 큰 문제가 발생하게 되는 것이다. 연민은 녹슨 감정처럼 인격을 서서히 파괴시켜 나간다. 철에 녹이 슬어 있으면 시간이 흐름에 따라 강한 철이라 할지라도 부식되어 삭아버리는 것처럼 연민은 인격을 서서히 파괴시키는 것이다.

다윗은 아비의 연민에 이끌려 자녀를 양육하였으며 원칙에 따르지 않는 일관성 없는 양육태도를 보여주고 있다. 아무리 위대한 다윗이라도 원칙 없이 자녀를 양육한 것이 문제였다. 부모가 일관성 없이 자녀를 대하면 자녀는 어찌할 바를 몰라 혼란을 겪게 되면서 나중에는 그 부모에 대하여 분노가 일어나게 된다.

---

4) 물론 이 부분에 대하여 성경은 요압이 다윗을 위협한 것은 악한 것이라고 평가하고 있다.

혼란을 주는 부모

어떤 아들이 엄마의 혼란스러운 대화방식 때문에 분노가 쌓이게 되었다. 어머니 생일이라서 좋은 구두를 사가지고 갔는데 어머니가 고맙다는 말을 하기는커녕 굉장히 불만스러운 표정으로 '뭐 이런 걸 사왔냐고.' 말한다.

그래서 '엄마 마음에 안 드시나보다.'하고 미안하기도 하고 후회스럽기도 해서 이 구두를 바꿔야 하나, 어찌해야 하나 생각하고 고민하였다. 그런데 며칠 후에 보니 어머니가 그 구두를 아주 기쁘게 신고 다니는 것이었다.

'아니, 그럴 거면 처음부터 고맙다고, 마음에 든다고 하실 것이지.' 하는 기분나쁘고 복잡한 감정이 들면서 앞으로 엄마한테 '잘해주나 봐라...' 하는 마음이 들었다.

기분을 다 망쳐놓은 후에 구두를 잘 신고 다니면 어쩌란 말인가? 자녀 편에서 보면 부모들의 이런 행동이 한두 가지가 아니다. 사랑한다고 말하지만 표정은 싸늘하고, 자녀를 믿는다고 말하면서 사사건건 참견하고, 자녀를 안아주지만 몸은 경직되어 있을 때 자녀들은 혼란스러움을 경험한다.

압살롬도 이와 비슷한 경우였을 것이다. 압살롬은 아버지 다윗이 암논이 잘못한 것을 알고 있음에도 불구하고 아무런 조치를 하지 않고, 아무 말도 없었을 때 너무 당황되었을 것이다.

"율법을 그렇게 준수하는 아버지가 죄를 묵인하다니?"

도대체 이해가 안 되는 압살롬에게 다윗은 왜 암논을 처벌할 수 없는지 그 이유를 설명해주거나, 처벌이 필요하다면 어떻게 징계하겠다고 알려주어 혼란을 주지 말았어야 했다. 또한 구체적으로 암논을 처벌함으로써 압살롬이 더 큰 죄를 짓지 않도록 하고 모든 자식들에게 교육적 지침을 주면 좋았을 것이다.

압살롬이 아버지가 자기의 기대대로 암논을 처벌하지 않고, 화해가 이루어지지 않았다고 해서 아버지에게 반역의 칼을 들었던 악은 상상할 수도 없는 큰 악이다. 그런데 압살롬은 이러한 악을 태연히 범하였다. 왜 그랬을까? 압살롬은 자신이 원하는 것은 반드시 이루려고 하는 병적인 자기애적 성격이 있었던 것처럼 보인다. 그래서 압살롬은 자신의 깊은 이기성과 악을 다스리지 못하고 패역무도한 아들로 살았으며, 하나님께 큰 죄를 지었다.

혼란형 부모의 특성 및 증상

어린 시절 부모의 양육태도에서 혼란을 경험한 자녀는 정신적, 심리적으로 많은 문제를 가지게 된다. 자녀에게 혼란을 주는 부모는 유아에게 편안함을 주다가 갑자기 유아를 위협하고, 또는 이해하기 어려운 상반된 행동을 동시에 하는 부모다. 이러한 양육을 받으면 유아는 자기를 돌보는 사람을 믿어야 할지, 아니면 그 사람을 피해야 할지 결정하기가 힘이 든다.

혼란된 반응은 대체로 아이가 학대를 받았다든지, 아주 심한 스트레스 속에 있다든지, 또는 부모가 정신적으로 혼란한 상태에 있을 때 나타나는데 그중 가장 대표적인 원인이 신체적인 학대를 받은 유아들이다.[5]

또 다른 경우는 부모가 유아를 놀라게 했을 경우다. 예를 들어 엄마가 장난하려는 의도로 아이 뒤에 가서 갑자기 이상한 소리를 낸다든지, 이를 드러내고 무서운 표정을 짓는다든지 하는 것은 유아를 혼란에 빠뜨리는 일이다. 또한 엄마가 심하게 무서움을 타거나 공포심으로 어쩔 줄 몰라 하면서 어린 유아에게 매달려 아이로부터 보호를 받으려는 경우도 유아를 혼란하게 만드는 이유 중의 하나다.

부모와의 관계에서 어떤 때는 위안과 평안을 제공받고, 어떤 경우에는 무서움과 공포와 같은 부정적인 분위기를 경험하게 되면

---

5) 혼란된 반응을 보이는 유아들의 분포는 중상층보다는 중하층의 집단에서 더 많이 나타나는 것으로 연구되었다(Jocobitz). 중하층에서 학대를 받고 자란 유아 중에 82%가 혼란된 반응을 보였다. 혼란형 양육의 평균비율이 15-17%정도인 것에 비하면 굉장히 높은 수치에 해당된다.

아이는 상반된 두 이미지를 통합하지 못한 채 분열된 이미지를 같은 사람에게서 느끼게 되기 때문에 문제가 된다. 이러한 결과는 갑자기 단절된 행동이나 느낌, 그리고 생각으로 나타나서 성격적으로 문제가 있는 사람으로 성장할 가능성을 초래하게 한다.

베이트슨(Gregory Bateson)은 정신분열증에 관해 연구하다가 부모가 자녀에게 이중메시지를 반복해서 사용하면 자녀는 혼란스러운 사고체계를 형성하게 되고, 이는 훗날 정신분열증으로 발전할 수 있다고 하였다.

독립해서 혼자 살고 있는 노총각 아들이 부모님 집에 갔다가 소파 위에서 TV를 보다 졸았다. 그 때 어머니는 "얘, 방에 들어가 자렴. 많이 피곤한 듯싶구나."
"아녜요, 괜찮아요."
"아유, 안 피곤하긴 얼굴에 피곤이 쓰여 있는데, 어서 방에 들어가 좀 자라"
"아, 예 그럼 좀 잘게요."
그런데 방으로 들어가는 아들의 뒤통수에 어머니가 한 마디 툭 던지며 하는 말,
"어휴, 저렇게 밥만 먹고 잠만 자니 살만 찌지."
들어가 자라고 해 놓고 막상 들어가 자려고 하니까 비난하고 트

집을 잡는 것이다. 이 아들이 어떤 선택을 할 수 있겠으며, 잠을 잔들 어찌 마음 편히 잘 수 있겠는가?

이중메시지는 자녀의 마음에 혼란과 분열을 일으킨다. 이런 경우 자아가 힘이 있는 자녀는 반발하고 분노한다. 하지만 자아가 약한 아이는 정신적으로 혼란이 생기기도 한다. 부모가 자녀를 혼란에 빠뜨리는 모순된 태도가 많이 있지만 그 중에서 혼란을 주는 대표적인 유형 2가지를 소개하고자 한다.

첫째, 일관성 없이 감정에 따라 이랬다저랬다 양육하는 태도다. 일관성 없는 양육태도는 자녀의 동일한 행동에 대해서 어떨 때는 야단치고, 어떨 때는 그냥 넘어가는 태도다. 그러면 아이는 무엇이 옳고 그른지 모르기 때문에 늘 부모의 기분을 살피고 눈치를 봐야 한다.

예를 들어 손님이 오면 부모님이 자녀를 대하는 태도가 달라질 때 자녀는 헷갈린다. 기분이나 상황에 따라 양육태도가 달라지면 아이는 원칙에 따라 행동하는 일관성을 배우지 못한다. 좋은 일을 하고도 책망 받지 않을까 불안하고, 나쁜 일을 하고 꾸중을 들어도 그 이유가 분명하지 않기에 불안을 느끼게 된다. 이런 상태가 장기간 계속되면 그 자녀는 신경증적인 문제가 발생한다. 건강한 인격 형성을 위해서는 감정이나 상황에 따라 좌우되지 않는 일관성 있

다윗 가족 : 혼란을 주는 부모

는 태도가 아주 중요하다.

둘째, 부모가 이중메시지를 전달하는 것이다. 이중메시지는 말의 내용과 느낌이 다른 메시지이다. 의사소통에서 말은 7%, 목소리는 38%, 표정은 55%를 차지한다. 이 세 가지가 모두 일치할 때 하나의 메시지가 온전히 전달이 된다. 그런데 이중메시지는 긍정과 부정, 두 가지 메시지가 동시에 나간다. 그러면 무엇이 진실인지 알 수 없고 내용이 분열이 되어 들어오니 인격도 분열이 일어나게 된다.

하나님의 마음에 합한 다윗이었지만 자녀의 문제에 있어서는 잘잘못을 가리면서 책망할 것은 책망하고, 용서할 것은 용서하고, 위로할 것은 위로하고 깨끗이 정리해주어야 하는데 그렇게 하지 못했다.

하나님과의 관계에서나 다른 모든 인간관계에서는 너무 현명하고 지혜로운 다윗이었다. 심지어 원수인 사울을 대할 때에도 하나님의 주권을 인정하며 겸손히 행했던 다윗이 왜 자기 아들 앞에서는 그런 멋진 모습을 보여주지 못했을까?

자녀를 어떻게 양육해야 하는지, 어떻게 이끌어주어야 하는지에 대해 고민이 없었기 때문이었다. 참으로 안타까운 일이다. 하나님의 마음에 합한 사람, 다윗의 최대 약점이자 고통이 바로 자녀를 제대로 양육하지 못한 것이었다. 이것을 볼 때, 신앙이 좋다고 해서 자녀들이 무조건 잘 자랄 수는 없음을 교훈 받고 인격적으로 양육하는 것이 무엇인지 더욱 더 고민하고 배워야 할 것이다.

혼란형 부모에게 받은 상처 치유 방법

혼란형 부모는 자녀들에게 말 그대로 혼란을 안겨준다. 그래서 어느 것이 옳은 것인지 알기가 어렵고, 혹 알았다 할지라도 그것을 지키기가 어렵다. 그래서 하나님에 대해서도 혼란스럽다.

부모에 대한 불신이 생기면 부모에 대한 분노가 하나님을 향한 불신으로까지 이어진다. 부모님이 그랬던 것처럼 하나님도 나를 사랑하지 않거나 자기 멋대로인 신이라고 생각하게 되는 것이다. 어떤 때는 나를 사랑하고 기도에 응답도 해주는 하나님이지만, 어떤 때는 나를 미워하고 버리실 거라고 생각하면서 부정적인 생각을 가지며 살아가게 된다. 그래서 자녀의 신앙과 인격을 위해서 부모가 자녀를 대하는 태도가 중요한 것이다.

혼란을 경험한 아이는 커서 경계선 성격을 가질 가능성이 많다. 경계선 성격은 '불안정성 장애'라는 말이 더 적절할 정도로 자신의 이미지에 대해서나, 다른 사람과의 관계에서 굴곡이 심한 변화를 나타낸다. 경계선 성격 장애의 특징은 안정성과 일관성이 없는 것이다. 아이가 안정감을 가지려면 일관성이 있는 부모가 필요하다. 부모와의 애착관계에서 어떤 때는 부모가 아이를 잘 보살펴주다가 또 다른 때는 아이를 힘들게 하면, 즉 부모가 긍정적인 양육 태도와 학대적인 태도를 혼합해서 양육할 때 아이의 발달에 큰 손상을 입힌다.[6]

해리스(Harris)는 『I'm Ok-You're Ok』에서 부모가 어느 경우에는 아이를 때리고, 또 다른 경우에는 아이를 칭찬하면 이러한 행동이 아이에게 부모에 대해서나 또는 자신에 대해서 일관성이 없는 태도를 형성시킨다고 말하며, 알코올 중독자 어머니를 둔 초등학교 아이의 경우를 예로 들었다. 그 아이의 어머니는 기분이 좋을 때는 아이를 어르고 달래며 사랑스런 표정으로 어린이와 웃으면서 같이 놀아주며 기분 좋은 시간을 가진다. 그러나 술을 마신 후에는 아이를 방치하고 밥을 굶기며, 술에서 깨어나면 먹은 음식을 토하면서 모든 것이 신경에 거슬리고 어린 아이가 귀찮게 생각되어 아이를 때리고 학대하는 일을 반복하였다.

이러한 환경에서 자란 아이는 경계선 성격장애자로 성장하기에 알맞은 조건을 갖추고 있는 것이다. 대체로 이러한 경우는 부모가

6) 이 부분에 대해서는 남명자의 책(252-256P)을 참고하였다.

술이나, 약물 중독, 또는 정신병자이거나 경계선 성격장애자일 때 흔히 나타나는 증상이다. 부모에게 혼란된 양육을 받은 자녀는 자기 어머니 또는 아버지를 표현할 때에 '아주 사랑스러운 천사'라고 하거나 아니면 '고약한 마녀'라는 표현을 한다.

만약에 내가 이러한 불안정성과 양가적 감정과 태도를 가지고 있다면 이것은 불안정한 부모의 양육태도로 인해 나의 내면에 불안정한 이미지가 내면화되어 그것이 나를 지배하기 때문임을 알고 인정해야 한다. 그리고 불안정한 이미지가 내면화되어 있어서 다른 사람에게도 이와 비슷한 관계를 할 수밖에 없음을 이해해주어야 한다.

그래서 주변의 사람에 대해서 이상화했다가, 실망하는 일이 생기면 한 순간 배타적이고 나쁜 사람 취급을 하면서 관계를 단절하고 싶거나, 상대방을 평가절하 하고자 하는 마음이 일어나는 것을 인정하고 이해해주어야 한다.

정상적인 사람은 긍정과 부정을 통합하여 안정된 성격이 지배적이 되지만 불안정한 내면을 가지고 있는 사람은 상반되는 양면의 성격을 통합할 수 있는 능력이 부족하여 분노 감정을 조절할 수 없어서 걸러지지 않고 강렬하게 나타날 수밖에 없는 연약한 존재임을 수용해 주어야 한다.

다윗 가족 : 혼란을 주는 부모

만약 안정감있고 일관된 부모에게 양육을 받았다면, 이렇듯 널뛰는 감정에 사로잡히거나 극단적인 이미지 때문에 괴롭지 않을 것이다. 결국 현재의 나의 불안정성은 과거의 부모, 특히 어머니와의 관계에서 불안정을 내면화한 결과임을 인정하고, 지금부터라도 안정감있고 일관성이 있는 사람과 지속적으로 관계함으로서 내 안에 건강하고 안정된 애착관계를 형성하는 것이 그 무엇보다 중요한 일이다.

만약에 지금도 부모가 불안정하고 일관되지 못한 방식으로 관계를 맺으려 한다면, 성인인 경우, 자녀는 빨리 독립하는 것이 좋다. 혼란을 주는 부모는 자녀의 마음을 뒤집어 놓는다. 그러면 또 마음을 추스르고 부모를 이해해주어야 한다. 그래서 자주 만나기보다 자신의 인격이 파괴되지 않는 선에서 부모님을 가끔 만나 관계하고 자식으로서 해야 할 도리를 하는 것이 좋다.

다윗의 경우를 생각하면서 좋지 않은 부모로부터 독립하여, 인격적인 하나님, 일관성있게 나를 사랑하고 돌보시는 하나님과 깊은 관계를 맺으면서 하나님 안에서 자신을 세우고 바른 가치관과 중심을 잡도록 해야 한다.

가족치료관점에서 본 성경의 가족이야기

발견과 적용

1. 전체 내용을 읽은 후에 얻어지는 깨달음이 무엇인지 적어보자.

2. 나의 상처 이야기

나의 경우 부모님이 나에게 혼란을 주어 상처 받았던 경험이 있다면 그것이 무엇인지 기록해보자.

3. 나눔과 적용

내가 혼란을 느꼈던 사건을 믿을만한 사람이나 소그룹에서 나누고 공감과 위로를 받은 후 이 상처를 극복하고 새롭고 건강한 나로 살기 위해서는 어떠한 것들이 필요한지 적어보고 나누자.

08 미가 가족

과잉보호하는 부모

사사기 17:1~6

1 에브라임 산지에 미가라 이름하는 사람이 있더니

2 그의 어머니에게 이르되 어머께서 은 천백을 잃어버리셨으므로 저주하시고 내 귀에도 말씀하셨더니 보소서 그 은이 내게 있나이다 내가 그것을 가졌나이다 하니 그의 어머니가 이르되 내 아들이 여호와께 복 받기를 원하노라 하니라

3 미가가 은 천백을 그의 어머니에게 도로 주매 그의 어머니가 이르되 내가 내 아들을 위하여 한 신상을 새기며 한 신상을 부어 만들기 위해 내 손에서 이 은을 여호와께 거룩히 드리노라 그러므로 내가 이제 이 은을 네게 도로 주리라

4 미가가 그 은을 그의 어머니에게 도로 주었으므로 어머니가 그 은 이백을 가져다 은장색에게 주어 한 신상을 새기고 한 신상을 부어 만들었더니 그 신상이 미가의 집에 있더라

5 그 사람 미가에게 신당이 있으므로 그가 에봇과 드라빔을 만들고 한 아들을 세워 그의 제사장으로 삼았더라

6 그 때에는 이스라엘에 왕이 없었으므로 사람마다 자기 소견에 옳은 대로 행하였더라

자녀를 과잉보호하는 부모

사사들이 이스라엘을 다스리던 시대는 사람들이 자기 소견에 옳은 대로 행하는 시대였다. 즉 원칙이 무너진 시대, 하나님의 말씀이 사라진 시대였다. 그 시대에 살았던 미가의 가족은 원칙이 없이 살았던 가족이었으며 이것이 얼마나 끔찍한 결과를 낳는지 여실히 보여주고 있다.

에브라임 산지에 미가라는 사람이 살고 있었다. 그는 하나님을 잘 알고 있었던 한 가정의 자녀였다. 아마도 미가의 아버지 대까지만 해도 하나님을 잘 섬긴 것 같다. 왜냐하면, '미가'라는 이름의 뜻은 "누가 감히 하나님과 같으리요."라는 뜻이다. 즉 모든 신앙의 기준은 하나님이시며, 그 무엇도 견줄 수 없다는 의미다.

미가는 자기 어머니의 은 1,100 세겔을 훔쳤다. 은 1,100개는 오늘날 수억 원에 해당하는 큰돈이었다. 그런데 미가의 어머니는 누가 돈을 훔쳐 갔는지 모르는 상황이었기에 도둑질을 한 놈에게 저주를 퍼붓고 다녔다. 저주를 들은 아들은 겁이 나서 자수하고 도둑질 한 것을 어머니에게 돌려주었다.

어머니는 자기가 저주한 대상이 아들임을 알게 되자 너무 당황하여 갑자기 말을 바꾼다.

"내 아들이 여호와께 복 받기를 원하노라(삿 17:2)" 라고 간구한다.

미가와 그의 어머니는 저주를 퍼부었던 돈을 서로 갖기 싫어했다. 그래서 그들은 그 돈의 일부분으로 신상과 신당을 만들었다. 그리고 제사장이 입는 의복인 에봇과 드라빔을 만들어서 미가의 아들을 제사장으로 삼았다(삿 17:4-5).

미가 어머니는 과잉보호의 전형적인 모습을 보여주고 있다. 자녀를 과잉보호하는 어머니는 원칙이 없이 자녀를 위해서라면 무엇이든 한다. 미가 어머니의 말과 행동을 주목해보아야 한다.

"돈 훔쳐간 놈, 저주 받아라" 하다가 아들이 도둑인 것을 아는 순간, "내 아들이 복 받기를 원한다."하고 말을 바꾼다. 자녀가 도둑질 한 것을 알았을 때 잘못한 행동을 분명하게 하고 교훈을 받도록 지도해야 한다. 그런데 잘못한 것은 유야무야 다 넘어가고 오히려 그 돈으로 신상을 만든다.

아마도 자신이 저주한 모든 것이 아들에게 임하지 않도록 보상적 차원에서 한 행동이라 이해된다. 그런데 이러한 모든 생각과 행동이 원칙이 없는 모습이다. 심지어 하나님 말씀도 무시한다. 제사는 개인 집에서 드리는 것이 아니라 제사장의 집도하에 성전에서 드리는 것이다. 그런데 지금 자신의 집에 신당을 만들고 심지어 아들을 제사장으로 삼았으니 이것은 하나님의 제사원리를 완전히 무시한 것이다.

무조건 자녀가 잘되기를 바라는 마음으로 과잉보호를 하는 미가의 어머니는 아무런 원칙이 없다. 잘해주고 싶고, 자녀의 잘못은 다 덮어주려 한다. 원칙이 없는 사람은 충동적이고 즉흥적으로 일을 진행하는데 이런 인생은 결국 망하는 길로 가게 된다. 이러한 가정은 올바로 세워질 수가 없고 하나님의 복을 받기도 어렵다.

아버지를 믿고 계속 사고치는 아들

아들이 서른이 넘었는데도 월급보다 돈을 몇 배나 쓰는 것 때문에 너무 힘든 60대 아버지 이야기이다. 이 아버지는 아내와 함께 아들이 어릴 때부터 맞벌이를 했다. 어린 아들을 멀리 계신 장모님께 맡겨 놓고 일주일에 한 번씩 만났다.
아들을 만날 때 마다 아들을 떼어 놓은 미안함 때문에 과한 용돈과 선물을 주었다. 장모님 역시 손자가 측은해서 과잉보호로 아이를 길렀다. 그런데 이 아이가 성인이 된 후 아버지 모르게 카드를 만들어 돈을 쓰기 시작하였고 카드빚은 눈덩이처럼 커져서 감당할 수 없게 되었다. 아버지는 하는 수 없이 아들의 빚을 갚아주기 시작하였고 아들은 아버지를 믿고 계속 사고를 쳤다.

다시는 돈을 갚아주지 않겠다고 말했지만 그 약속은 번번이 깨졌다. 차라리 줄 돈이 없으면 좋으련만, 돈은 있는데 아들이 급하다고 하니 갚아주지 않을 수가 없다는 것이다.

이 아버지는 아들의 원함을 들어주지 않으면 꼭 아들을 버리는 것 같은 생각이 들어서 계속 빚을 갚아주게 되었다. 한 번은 2억 이상의 은행 빚으로 고통당하는 아들을 돕고 난 뒤 이제는 정신을 차리겠거니 생각했다. 그런데 아들은 '어차피 아버지의 재산이 나에게 다 넘어올 것인데 뭐가 어떠냐'고 말하는 것이었다.

그제야 아버지는 이렇게 해서는 안 되겠다는 마음을 가지고 굳은 결심을 하게 되었다. 아들의 빚을 절대 갚아주지 않기로 방향을 정하고 아들이 감옥에 들어간다 할지라도 갚아주지 않기로 결정했다. 아들은 아버지가 어떻게 할지 너무 잘 알기에 온갖 수법을 다 동원하여 아버지를 조종하려고 하였다.

아들은 돈이 궁해지면 아버지가 운영하는 회사에 잠깐 다니면서 월급을 받아간다. 물론 일은 안 한다. 그런데 이번에는 아들을 회사에 오지 못하게 하고 아들이 스스로 직장을 구하도록 했다. 한동안 취업이 안 돼서 할 수 없이 이것저것 아르바이트를 시작했다. 이른 새벽부터 고생하며 돈을 번 경험이 처음이었다.

이 아버지는 자신이 도와주지 않아 아들이 고통을 겪지만 스스로 일어서도록 버텨주었다. 그리고 당장 도와주고 싶은 마음을 참고 인내하면서 아들을 볼 때마다 격려하고 위로했다. 물론 절대로 돈을 주지 않았다.

이처럼 **자녀의 잘못을 고치려면 부모는 자녀의 조종에 휘말려들지 않아야 한다.** 부모 입장에서는 돈을 갚아 주는 것이 더 쉽다. 고통을 당할 때 아들의 고통을 보는 아버지는 더 고통스럽다. 그것을 참고 잘 견뎌야 한다. 이때 아버지가 돈을 갚아주지 않는 이유는 돈이 아까워서가 아니라 아들이 건강한 삶을 살아가도록 하기 위해서 돈을 갚아주지 않는 것임을 잘 설명해야 한다.

'아버지의 마음이 분명하구나'를 확인할 때 아들은 조종을 멈출 수 있다.

드디어 수개월 후에 취업이 되었다. 처음에는 물건을 파는 영업 직에 고용이 되었다. 힘들지만 하루하루 기도하며 일했더니 1년 만에 내근직으로 옮겨졌다. 월급이 많은 것은 아니지만 스스로 일해서 번 돈이기에 너무 소중하게 느껴져서 쓸 때도 아껴서 쓰고 저축도 하기 시작했다.

과잉보호의 원인

어린 시절 사랑을 받지 못하여 사랑의 결핍을 느끼는 사람은, 내가 받고 싶었던 사랑을 자녀에게 과하게 주곤 한다. 반대로 부모에게 과잉보호를 받고 자란 사람은 아무 생각 없이 자녀에게 그대로 해주곤 한다. 둘 다 자녀를 건강하게 키우는 것이 무엇인지 모른 채 자기가 받은 그대로 양육하는 것이다.

지나치게 헌신하는 과보호형 부모들은 대개 어머니들이 많은데, 이렇게 헌신하는 것은 남을 도와줌으로써 자신의 가치와 존재를 확인하기 위해, 혹은 상대방에게 인정받고 사랑받기 위해 그런 행위를 하는 것이다.

지나친 헌신을 하는 부모는 아이들이 갖고 싶어 하면 무엇이든 허락한다. 이렇게 하면 가족들을 스스로는 아무것도 할 수 없는 존재로 만드는 것이다. 결국 가족들은 자신이 스스로 돌보고 성장할 수 있는 기회를 박탈당하게 된다.

한편 이런 부모 밑에서 자란 아이는 부모가 자신을 위해 그토록 많은 정성을 베풀고 희생했다는 생각에 죄의식을 가지고 부모를 떠나지 못하게 된다. 이런 아이들은 어른이 되면 정서적으로나 심리적으로 부모와 비슷한 문제를 겪거나 정반대 성향을 띠는 경우도 있다.

지나치게 헌신하는 부모에게 굴복하고 순응하는 아이들은 겉으로 보기에 매우 착하고 말도 잘 듣는다. 이런 아이들은 대부분 모범생이 되는데 그것은 부모와 선생님의 기대에서 벗어나면 자신이 버림받을지도 모른다는 불안에서 기인한 결과다. 이들은 자신의 욕구를 모두 해결해주던 부모가 자신을 버린다면 더 이상 살아남지 못할 수 있다는 두려움을 느낀다.

과잉보호는 자녀의 인생을 망치게 한다. 아이들의 숙제를 대신해주고, 입을 옷을 늘 골라주며, 아이들이 요구하는 것이라면 무엇이든지 다 해주려고 하는 어머니, 반찬을 숟가락 위에 얹어 주면서 먹는 것까지 골라 주고 간섭하고 챙겨주는 어머니들이 바로 과잉보호의 예들이다.

과잉보호하는 부모들은 실제로는 자녀를 잘 키울 자신이 없어 불안하기에 그 불안을 줄여보기 위해서 무엇이든 잘해주는 것을 선택하는 것이다. 그래서 아이들이 실수하거나 잘못하는 것도 참기 어려워 아이에게 잔소리하고 간섭한다.

이런 가정에서 자라나는 아이들의 특징은 무엇이든 스스로 해결해 나가는 자립심이 부족하다. 물건을 살 때 혼자 결정하기를 굉장히 힘들어 한다. 어떤 형제는 20살이 되어서도 여행을 갈 때 혼자서 가방을 쌀 줄 몰라서 한참을 헤매기도 한다. 무엇이든 스스로 결정하는 것이 어렵고, 조금만 문제가 복잡해지면 금방 자신감을 잃고 무기력한 모습에 빠지게 되는 것이다.

과잉보호는 자녀를 양육하는 태도 중에 가장 나쁜 유형에 속한다. 과잉보호는 정서적 학대에 해당한다. 과잉보호를 받은 자녀는 다음과 같은 메시지가 마음에 새겨진다.

"나는 무엇인가 부족하다. 나는 부모가 챙겨주지 않으면, 아무것도 못하는 무능한 사람이다."

계속 과잉보호로 키우면 자녀는 나이가 들어 청년이나 성인이 되어도 부모에게 의존할 수밖에 없다. 뿐만 아니라 다른 사람을 배려할 줄 모르며, 대인관계가 어렵고 사회에서 무능한 사람이 되지만 이 모든 책임이 자신에게 있지 않고 다른 사람에게 있기 때문에 자신은 잘못한 것이 없다고 변명만 늘어놓는 무책임한 사람이 된다.

과잉보호 치유 방법

* 과잉보호를 하는 부모의 경우

미가의 어머니가 원칙이 있는 건강한 사랑을 했다면 어떻게 해야 했을까? 미가가 돈을 훔친 사실을 알았을 때 책망하고, 그 사실에 대해 어떻게든 책임지고 반성하게 해야 한다. 또한 자기 집에 개인적으로 신당을 세우는 것이 아니라 하나님의 말씀을 가르치고 말씀대로 살도록 훈계하며, 예배도 하나님의 방법대로 드리도록 가르쳐야 했다.

어린 아이들이 성장하는 데에는 두 가지 중요한 교육적 요소가 있다. 하나는 가르침을 통한 교육이고 또 하나는 경험을 통한 교육이다. 대부분의 어린 아이들은 경험이 없기 때문에 실수를 하게 되고 이로 인한 고통을 경험하게 된다. 이렇게 시행착오의 과정을 통해서 자신의 인생을 건강하게 세워가는 법을 배우게 되는 것이다.

배가 고플 때 자기 스스로 물고기를 잡을 수 있도록 교육해야 참다운 교육이다. 배가 고프기도 전에 잘 요리된 고기를 주면, 성인이 되어서 혼자의 힘으로 해결해 나갈 수 없는 무기력한 삶을 살게 된다. 과잉보호 받으며 자란 아이는 경험을 통해 교육받지 못한다. 이 아이는 삶을 통해 교육받을 기회를 제공받지 못하는 것이다.

아이들은 언제나 사랑받을 자격이 있지만 가족의 일원이 되기 위한 가장 본질적인 요소가 '책임'이라는 점을 가르쳐주어야 한다. 아이에게 책임을 묻지 않으면 결국 무책임한 행동이 아이 몸에 배고, 부모는 계속해서 자녀의 요구를 들어주는 악순환이 반복된다. 책임을 요구하는 것은 조건적인 사랑이 아니라 아이가 나이에 걸맞게 행동해야 함을 알려주는 것이다. 아이가 무책임하게 행동할 때 즉각 고쳐주어야 한다.

가족을 위해 헌신하는 것도 중요하지만 자신의 정체성과 독립성을 가지는 것이 더 중요함을 인식해야 한다. 어머니의 헌신적인 사랑은 고귀한 사랑의 표본으로 여겨지지만 지나치게 헌신적인 사랑은 이타적인 것이 아니라 이기적인 것이며 미성숙한 사랑이다. 지나치게 헌신하기보다 자신의 고유한 자아를 가지도록 돕는 것이 진정한 사랑이다. 따라서 각자 하나님께서 주신 사명과 비전이 있음을 알고 부모는 자녀가 자신의 삶을 살아갈 수 있도록 조력자로서 역할을 수행하고, 자녀는 자신의 비전을 찾는 수고를 해야 한다.

인간은 끊임없이 사랑을 갈구하는 존재이기에 사랑을 아무리 받아도 채워지지 않는다. 그리고 과잉보호적인 사랑을 받아 본 사람은 그 사랑이 너무 달콤하여 성인이 되어도 더 받고 싶어 하고,

한없이 어린아이로 있고 싶어 퇴행하게 된다. 그러므로 자기보호와 존엄을 스스로 지킬 수 없는 무기력한 존재가 되는 것이다. 그래서 자녀를 진심으로 사랑한다면 자녀가 원하는 것을 다 채워주는 것이 아니라 적당히 주고 때로는 다 줄 수 없음을 알아야 한다.

그리고 **자녀가 스스로 노력해서 성취하도록 이끌어 주어야 한다. 그동안 과잉보호하는 부모였다면 자녀에게 스스로 선택하고 책임지도록 작은 것부터 훈련해보자.** 자녀가 실수하고, 다치고, 고통을 당해도 성급하게 도와주지 말고 아이가 스스로 이겨낼 수 있도록 참아보자.

시간이 오래 걸리더라도 참 사랑만이 건강한 인격을 세운다는 것을 알고 따뜻하게 감싸주는 '부드러운 사랑'과 함께 그릇됨, 악함, 비인격적 행위에 대해서는 맞서주는 '강한 사랑'이 조화를 이루어야 한다는 것을 배워나가야 한다. 이런 인격적인 사랑을 하려면 자기를 넘어서는 많은 수고와 노력이 드는 것이 사실이지만 믿음과 소망을 가지고 노력하면 마침내 도달할 수 있을 것이다.

* 과잉보호를 받은 자녀의 경우

현수는 사회관계에서 항상 멀리 떨어져 있었다. 그 이유는 그의 어머니가 다른 아이들과 접촉하지 말고 항상 조심하라고 말했기 때문이었다.

"나는 항상 주변 사람이었다. 나는 다른 아이들과의 직접 경험을 가진 적이 없다. 어머니가 못하게 했기 때문이다. 내가 놀 수 있는 친구를 찾으면 어머니는 항상 나를 좌절시켰다. 내 자신을 모든 것에서 단절시키고 나니 자신감도 없어졌고 인생에 도전하고 싶은 마음도 없어졌다."

과보호를 받고 자란 자녀는 자기중심적이어서 고집이 세 보이지만 내면에는 의존심리가 가득하다. 그래서 의존적이며 회피적인 성격을 가질 가능성이 많다. 의존적인 성격의 사람은 다른 사람들이 자신을 보호하고 돌보아 주기를 바란다. 회피적인 사람들은 비판, 부끄러움, 불안감에 약하고 자신을 보호하기 위하여 다른 사람들을 회피한다. 이 둘은 서로 연관되어 있다.

무엇보다 의존적인 성격은 성취동기가 결핍되어 있다. 그래서 자신감, 효율성, 자율성이 결여되어 있다. 이러한 사람은 결정권과 책임감을 다른 사람에게 돌리고 혼자 있을 때에는 자신감의 결여 때문에 어찌할 바를 모르고 자신이 스스로 어떤 결정을 해야 한다는 것 자체가 두렵다.

이런 경우, 힘들다 하더라도 조금씩 결정하는 습관을 키워나가야 한다. 다른 사람의 도움을 구하고 싶은 강렬한 동기는 자신을 믿지 못하는 심리가 내재되어 있기에, "실수하더라도 괜찮다. 실수를 통해서 성장하는 것이다. 이 과정을 거쳐야만 다음 단계로 나아갈 수 있다."고 다독이면서 선택과 결정하는 시도를 의도적으로 해 보아야 한다.

선택한 것에 대해 결과가 좋지 않을 때 자신을 비난하거나 자책하지 말고, 누구나 다 실수의 과정을 거쳐서 성숙하는 것임을 잊지 말아야 한다. 자신을 믿지 못하기 때문에 다른 사람과 연결되고 싶은 마음이 강렬하고 다른 사람에게 쉽게 동의하고 타인의 지지를 구하게 된다. 다른 사람과 관계하고 싶은 동기가 책임을 회피하는 동기라면, 스스로 책임지려는 시도가 필요하다는 것을 자각하고 연습해야 한다.

의존적인 성격은 스스로 무언가 하려고 할 때 불안감이 엄습하면서 "나는 혼자서는 일을 처리할 수가 없어." "누군가 나를 도와주어야만 나는 안심이 돼." 이렇게 자신을 실패자로 인식한다. 자기 패배적이고 부적응적인 인식의 고리를 끊어야만 의존성에서 자율성으로 나아갈 수 있다.

자신이 의존적이 될 수밖에 없는 이유는 그동안 자신의 인생을 산 것이 아니라 부모가 원하는 삶을 살면서 자신의 능력을 시험해

볼 기회를 갖지 않아서 그런 것이다. "조심해라." "그건 너무 어려운 일이야." "그러다 다친다." 이러한 메시지는 자신감이나 효율성을 믿지 못하는 것이며, 아이의 능력에 대한 의심의 메시지다. 그래서 불안감이 조성되고 권위있고 힘있는 사람에게 자꾸 의존하고 싶게 되는 것이다. 이것이 바로 과보호의 늪이다.

과잉보호를 받고 자란 경우, 이것을 극복하기란 쉽지 않다. 그래서 과보호의 역동을 극복하기 어렵다는 것부터 인정해야 한다. 과잉보호는 정말 해결하기 어렵다. **과잉보호를 받으면 지금 당장 편하고 좋기 때문에 과잉보호 받은 자녀는 부모로부터 독립하기가 너무 어렵다.** 마치 단 음식에 중독되어서 끊기 힘든 것과 같다. 그래서 과잉보호는 관계중독의 한 형태라고 볼 수 있다.

이렇게 어렵다는 것을 먼저 전제로 하고 하나씩 연습하고 노력해 가야 한다. 잘 했을 때 자기 자신을 칭찬하고 격려해주어야 한다.

그러나 실패했을 때는 또 완전히 손을 놓고 포기하게 되고 다시 부모나 다른 사람에게 의지하고 싶은 마음이 든다. 남들이 다 알아서 해주기를 기대하는 것이다. 그럴 때 포기하지 말고 다시 해보자고 격려해야 한다. 힘이 있는 사람에게 매달리고, 자꾸 남의 의도를 확인하고, 남의 눈치를 보고, 비위를 맞추고 애쓰는 행동을 하는 이유 밑에는 남에게 버림받고 거부당할지 모른다는 두려움이 있을 가능성이 있다. **이러한 사실을 인정하고 지금이라도 조금씩 자신의 자율성을 키워나가기 위해 노력해야 한다.** 그렇게 하지 않으면 자신의 육체적·정서적·사회적·직업적 능력이 키워지지 않는다.

　과잉보호는 정말 고치기 힘든 중독처럼 무섭고 고치기 어려운 성격이다. 하지만 하나님을 의지하고 한 걸음씩 스스로 내딛을 때 주님이 위로하시고 나의 수고와 노력을 알아주시고 도와주실 것이다. 하나님은 전능하시다. 믿음으로 하나님을 바라보고 포기하지 않으면 하나님이 치료하신다.

미가 가족 : 과잉보호하는 부모

발견과 적용

1. 전체 내용을 읽은 후에 얻어지는 깨달음이 무엇인지 적어보자.

2. 나의 상처 이야기

나의 경우, 부모님이 나를 과잉보호하여 상처 받았던 경험이 있다면 그것이 무엇인지 기록해보자.

3. 나눔과 적용

나의 과잉보호 사건을 믿을만한 사람이나 소그룹에서 나누고 공감과 위로를 받은 후 이 상처를 극복하고 새롭고 건강한 나로 살기 위해서는 어떠한 것들이 필요한지 적어보고 나누자.

09 독자 삼손
독자의 외로움

사사기 15:9-16

9 이에 블레셋 사람들이 올라와 유다에 진을 치고 레히에 가득한지라

10 유다 사람들이 이르되 너희가 어찌하여 올라와서 우리를 치느냐 그
들이 대답하되 우리가 올라온 것은 삼손을 결박하여 그가 우리에게
행한 대로 그에게 행하려 함이로라 하는지라

11 유다 사람 삼천 명이 에담 바위 틈에 내려가서 삼손에게 이르되 너
는 블레셋 사람이 우리를 다스리는 줄을 알지 못하느냐 네가 어찌
하여 우리에게 이같이 행하였느냐 하니 삼손이 그들에게 이르되 그
들이 내게 행한 대로 나도 그들에게 행하였노라 하니라

12 그들이 삼손에게 이르되 우리가 너를 결박하여 블레셋 사람의 손에
넘겨주려고 내려왔노라 하니 삼손이 그들에게 이르되 너희가 나를
치지 아니하겠다고 내게 맹세하라 하매

13 그들이 삼손에게 말하여 이르되 아니라 우리가 다만 너를 단단히 결
박하여 그들의 손에 넘겨 줄 뿐이요 우리가 결단코 너를 죽이지 아
니하리라 하고 새 밧줄 둘로 결박하고 바위 틈에서 그를 끌어내니라

14 삼손이 레히에 이르매 블레셋 사람들이 그에게로 마주 나가며 소리

지를 때 여호와의 영이 삼손에게 갑자기 임하시매 그의 팔 위의 밧줄이 불탄 삼과 같이 그의 결박되었던 손에서 떨어진지라

15 삼손이 나귀의 새 턱뼈를 보고 손을 내밀어 집어들고 그것으로 천 명을 죽이고

16 이르되 나귀의 턱뼈로 한 더미, 두 더미를 쌓았음이여 나귀의 턱뼈로 내가 천 명을 죽였도다 하니라

독자로 사는 사람의 모습

삼손은 탄생부터 아주 특별했다. 삼손의 어머니는 임신하지 못하는 상황 가운데에서 천사가 나타나서 아들을 낳을 것이라는 예언을 받는다. 삼손의 부모는 어렵게 아이를 임신하게 되었을 뿐 아니라 하나님이 친히 나타나셔서 이 아이를 나실인으로 키우라고 하셨으니 얼마나 귀하고 귀한 마음으로 양육했을지 상상해 볼 수 있다. 부부는 삼손을 나실인으로 금이야 옥이야 키웠을 것이다.

그 당시 이스라엘은 블레셋의 지배 아래 있었다. 삼손의 사명은 하나님의 백성을 블레셋이라는 이방 나라로부터 구원하는 것이었다. 그래서 블레셋 사람과 전쟁을 해서 블레셋 군인을 죽이는 것이 그의 사명이었다.

이러한 위대한 사명을 가지고 있으며, 그 누구보다 엄청난 괴력을 소유한 삼손이지만, 삼손은 독자였다. 독자는 경쟁할 형제가 없어서 부모의 사랑을 독점한다. 부모에 대한 의존심을 가지며 살게 될 뿐 아니라 형제 없이 혼자 살아야 하는 외로움과 고독을 가슴에 가지고 산다. 독자는 일반적으로 협력하거나 나눌 대상이 없기에 본의 아니게 자기중심성이 강하며 배려나 협동, 리더십을 배우지 못한다.

사사기 14장 5절부터 보면 삼손이 딤나에서 블레셋 여자 중에 마음에 쏙 드는 여자를 발견하고 결혼을 한다. 사실, 삼손은 하나님의 백성으로 이방 여인과 결혼하면 안 된다. 더구나 나실인은 거룩한 사람으로 살아야 하기에 더더욱 안 될 일이다.

하지만 삼손이 이방여인과 결혼하려는 것은 블레셋 사람들을 공격하기 위한 구실을 만들려는 하나님의 지혜였다. 결혼식이 7일 동안 벌어지는데 삼손이 그 블레셋 사람들에게 수수께끼를 내서 수수께끼를 못 맞히게 되면 블레셋은 위기에 처하게 된다. 이러한 위험한 상황가운데 블레셋 사람들이 생각해 낸 꾀는 삼손의 아내를 위협하는 것이었다. 삼손의 아내는 블레셋 사람들이 두려워 삼손을 속여 수수께끼의 답을 얻어낸 다음 블레셋 사람들에게 알려준다.

이 일로 화가 난 삼손은 내기에서 진 대가로 옷을 주어야 하는데, 그 당시에 옷은 굉장히 귀한 것이었다. 삼손은 블레셋 사람들 30명을 죽이고 그들의 옷 30벌을 블레셋에게 가져다준다. 수수께끼를 푼 블레셋 사람들이 이긴 것 같지만 결국은 이를 계기로 삼손은 블레셋과 전쟁을 하게 된다. 삼손은 이 전쟁 후 화가 나서 아내를 그 지역에 놔두고 혼자 이스라엘로 돌아온다.

이런 상황에서 삼손의 장인은 삼손의 아내를 다른 이웃사람에게 시집을 보내버린다. 삼손은 자신의 아내를 다른 사람에게 준 장인에게 화가 났다는 명분으로 블레셋 사람을 다시 공격한다. 여우 300마리를 잡아다가 꼬리를 묶고 그 꼬리에 횃불을 달아 블레셋 사람의 밭에 들어가게 해서 곡식들을 몽땅 불에 타게 만든다.

그러자 블레셋 사람들이 삼손의 장인과 아내를 죽여 복수한다. 삼손은 그것을 보고 블레셋 사람들을 크게 쳐서 죽이고는 에담 바위틈에 숨었다. 그러자 이번에는 블레셋 사람들이 엄청나게 많이 와서 레히라는 곳에 진을 쳤다. 이스라엘 백성들은 블레셋 사람들을 보고 자기들이 죽을까봐 겁이 나서 유다 사람 삼천 명을 삼손에게 보낸다.

"유다 사람 삼천 명이 에담 바위 틈에 내려가서 삼손에게 이르되 너는 블레셋 사람이 우리를 다스리는 줄을 알지 못하느냐 네가 어찌하여 우리에게 이같이 행하였느냐 하니 삼손이 그들에게 이르되 그들이 내게 행한 대로 나도 그들에게 행하였노라 하니라 (삿 15:11)"

유대인들이 삼천 명씩이나 떼를 지어 삼손에게 항의하러 온 것은 그들이 지금 엄청난 두려움과 공포를 가지고 있음을 보여주는 것이다. 삼손은 삼천 명이나 되는 사람이 자기에게 와서 왜 이런 일을 벌였냐고 할 때, 이들을 설득하고 일깨워서 군대를 만들면 더 효과적인 전투와 협동을 가질 수 있었을 것이다. 그러나 삼손에게는 함께 하는 리더십이 없었다.

유대인들은 블레셋과 삼손의 전쟁에서 이 전쟁이 삼손 개인의 전쟁임을 보이기 위해 삼손과 약속을 한다. 유대인들이 삼손을 죽이지 않기로 약속하고 밧줄로 묶어서 블레셋 사람들에게 넘겨준 것이다. 그러나 삼손을 결박한 밧줄이 블레셋 사람들 앞에서 불붙은 삼같이 그냥 끊어진다. 그리고 하나님께서 능력을 주셔서 나귀 턱뼈로 약 천명을 쳐 죽였다.

그 이후 들릴라의 꼬임에 넘어가 자기 힘의 비밀이 탄로 난 삼손의 결말이 어떻게 되는가? 힘의 근원인 머리털이 잘린 후 무력해

독자 삼손 : 독자의 외로움

진 삼손을 블레셋 사람들이 잡아가고, 결국 두 눈이 뽑히고 블레셋 사람들 앞에 조롱거리가 된다. 물론 그 후에 다시 머리털이 자라고 다시 하나님을 의지함으로 마지막으로 기둥을 무너뜨려 블레셋 사람을 더 많이 죽이고 삼손 자신도 영광스러운 죽음을 맞이하지만 그의 죽음은 너무 외로웠다.

독자의 문제

삼손은 성경인물 중에 가장 힘이 센 사람이었지만 혼자 싸움으로 인해 가장 큰 아쉬움을 남긴 인물이 되었다. 우리는 독자처럼 혼자 살면 안 된다. 서로 협력하는 법을 배워야 하고 다른 사람들에게 선한 영향력을 끼치는 리더십을 훈련해야 한다.

나 혼자 인정받고 나 혼자 성공하고 나 혼자 잘 살려고 하는 사람은 결국 자기 혼자도 잘 살 수 없게 된다. 교회공동체가 모두 내 형제 자매인 것이다. 성도를 사랑하고 협력하는 법을 배워야 한다.

이기적인 사람은 자기 능력을 가지고 자기만을 위해 쓰거나 기껏해야 자기 가족을 위해 쓰려고 한다. 이렇게 되면 가족 이기주의에 빠지게 된다. 그러나 이렇게 되면 결국 가족도 행복하지 못하고 함께 망하게 된다.

어마어마한 괴력을 가진 삼손이었지만 아쉬운 것은, 그가 늘 혼자 싸웠다는 것이다. 심지어 자기 백성도 자기편으로 만들지 못했다. 이것은 독자로 자라서 협력하는 것을 배우지 못했거나, 혹은 자기 힘이 너무 강하기 때문에 다른 사람과 함께 할 필요를 느끼지 못했기 때문인 것으로 해석할 수 있다.

사람은 아무리 뛰어나도 혼자 살 수 없고, 더불어 살도록 창조되었다.

"두 사람이 한 사람보다 나음은 그들이 수고함으로 좋은 상을 얻을 것임이라 혹시 그들이 넘어지면 하나가 그 동무를 붙들어 일으키려니와 홀로 있어 넘어지고 붙들어 일으킬 자가 없는 자에게는 화가 있으리라 또 두 사람이 함께 누우면 따뜻하거니와 한 사람이면 어찌 따뜻하랴 한 사람이면 패하겠거니와 두 사람이면 맞설 수 있나니 세 겹줄은 쉽게 끊어지지 아니하느니라(전 4:9-12)"

삼손이 홀로 일하고 홀로 헌신했기 때문에 두 가지 약점이 있었다.
첫째, 그를 이끌어주는 멘토가 없었다.
처음에 삼손이 블레셋 여자와 결혼하고 파혼하는 과정을 통해 블레셋 사람들을 치는 것은 하나님이 주신 지혜였다. 그러나 그가 지속적으로 하나님의 지혜를 얻도록 그를 이끌어주는 멘토가 없었기에 나중에는 '들릴라'라는 여자에 빠져서 망하는 길로 가게 된다.

삼손이 블레셋 여자 들릴라를 사랑하니까 블레셋 사람들이 들릴라를 앞세워 미인계를 쓴다. 그래서 삼손의 힘의 비결을 알아내게 한 것이다. 삼손이 처음에는 알려주지 않았지만 사랑스런 여자가 온갖 교태로 날마다 조르니까 마음이 너무 괴로워서 마침내 그 힘의 비결이 머리카락에 있음을 가르쳐준다. 결국 들릴라의 무릎을 베고 자는 동안 머리카락이 잘린 삼손이 블레셋 사람들에게 힘없이 잡혀가서 눈이 뽑히고 짐승처럼 맷돌을 돌리는 신세가 된다.

둘째, 그와 함께하는 백성이 없었다.
삼손은 늘 혼자 싸우고 혼자 헌신했다. 그 자신은 하나님 앞에 헌신된 인생을 살았지만 다른 백성들을 헌신하게 하는 리더십을 가지지 못해서 그는 외롭게 죽어갈 수밖에 없었다. 삼손은 위대한 사람이었지만 하나님의 은혜와 능력이 다른 사람에게까지 흘러가도록 돕지 못한 아쉬움이 있는 삶을 살았다.
삼손은 목숨까지 던져서 나라를 구하고 하나님의 백성들을 위해 헌신했다. 그러나 자기 자신만 헌신하고 다른 사람은 헌신하도록 이끌지 못했다. 그래서 그가 힘들 때 아무도 그를 돕지 못했고, 외롭고 고독하게 인생을 마치게 되었다. 만약 그가 함께 하는 리더십을 가지고 백성들과 협력해 싸웠다면 그는 백성들의 칭송을 받으며 감동을 주는 리더가 되었을 것이다.

독자의 문제 해결 : 함께 하는 삶

자녀가 하나 밖에 없는 부모는 그 아이를 과보호하면서 집중하게 된다. 독자는 자신에게 쏟아지는 중압감 때문에 신경이 예민한 성격으로 자라날 가능성이 높다. 또한 자기가 필요로 하는 것이 쉽게 충족될 가능성이 많아서 자기중심적인 성격이 될 가능성도 높다.

필요한 것을 쉽게 얻을 수 있는 반면, 부모의 모든 기대가 한 아이에게 집중되기 때문에 그 아이는 상당한 부담감과 압력을 받게 된다.

아이가 부모에게서 주로 듣는 소리는 "너 밖에 없어." "너는 내 유일한 희망이야." "너는 일류대학에 가고, 대기업에 취직해야 돼." 등의 말을 듣게 된다. 그러면 아이는 부모를 실망시켜드리지 않고 즐겁게 해드려야 겠다는 마음의 압박이 커진다.

롤로 메이는 『사랑과 의지(Love and Will, 1969)』에서 이렇게 말하고 있다.

"독자를 가진 부모들은 아이를 과보호하려는 유혹을 떨쳐내지 못하고 있다. 그 아이가 부르면 부모는 뛰어가고, 그 아이가 속삭이면 부모는 어쩔 줄 모르고, 병이 났을 때는 죄책감에 시달리고, 잠을 자지 못할 경우에는 그 아이가 신경쇠약증에 걸릴 것 같아 걱정을 한다. 이러한 아이는 자신이 처한 상황 때문에 부모가 원하는 바와 설령 다르게 되기를 원한다 해도 될 수가 없는 처지가 된다. 그 아이의 자유는 상당히 박탈될 수밖에 없고 자신이 감당할 수 없는 왕실에 태어난 왕자와 같은 무게를 안고 살아야 한다."

이러한 부모에게서 양육 받은 자녀는 자신도 모르게 자기중심적이 되고 다른 사람과 어울리거나 희생하는 것이 어떤 것인지 배우지 못하거나, 배운다 하더라도 아주 미약할 수밖에 없다. 만약에 혼자가 아니라 형제들과 함께 성장했더라면 보통 수준의 공감 능력이나 타인의 마음을 알아차리는 능력을 가지게 되었을 것이다. 그러나 혼자 자랐기에 다른 사람의 상황이나 처지를 이해하는 것이 힘들다.

하나님의 방법은 다른 사람과 함께 성장하고 다른 사람과 더불

가족치료관점에서 본 성경의 가족이야기

어 행복하고 다른 사람도 헌신하도록 격려하고 이끌어주는 것이다. 그러므로 독자로 자란 경우, 지금이라도 자신의 부모로부터 건전한 독립심을 키우도록 노력해야 하며, 다른 사람의 마음이 어떠한지 알기 위해 힘쓰고, 새로운 역할 모델을 찾는 수고가 필요하다. 이러한 과정에서 많은 어려움이 있겠지만 끊임없이 지지하고 격려하면서 함께 사는 것이 무엇인지 배워가야 한다.

공동체 안에서 하나님이 주시는 비전과 사명을 바라보며 한 목표를 향해 나아가야 한다.

"보라 형제가 연합하여 동거함이 어찌 그리 선하고 아름다운고 (시 133:1)"

이것이 하나님이 기뻐하시는 공동체다. **사람이 혼자 사는 것은 하나님이 기뻐하는 것이 아니다.** 나 혼자 예수의 제자가 되면 안 된다. 나의 배우자, 자녀들, 부모 형제, 이 백성과 온 세계가 다 예수의 제자가 되도록 이끌어야 한다. 이것이 함께 사는 길이다. 행복은 함께 하는 것이며 사랑을 나누는 것이다.

자기만 헌신하는 것이 아니라 다른 사람도 헌신하게 도와야 한다. 그때 내가 함께 하는 공동체에 기여하게 되고, 공동체는 나에게 다시 도움을 주면서 함께 윈-윈 하게 된다. 그럴 때 더 큰 행복과 더 큰 보람이 있게 된다. 나 혼자 하는 것보다 가족과 성도와 함께 해야 한다. 말씀을 듣고 고민하고 그것을 다시 다른 사람과 나누어야 내 것이 된다.

발견과 적용

1. 전체 내용을 읽은 후에 얻어지는 깨달음이 무엇인지 적어보자.

2. 나의 상처 이야기

나의 경우 독자로서 외롭고 힘들었던 경험이 있다면 그것이 무엇인지 기록해보자.

3. 나눔과 적용

나의 상처를 믿을만한 사람이나 소그룹에서 나누고 공감과 위로를 받은 후 이 상처를 극복하고 새롭고 건강한 나로 살기 위해서는 어떠한 것들이 필요한지 적어보고 나누자.

10 형과 탕자
형제간 갈등

누가복음 15:25-32

25 맏아들은 밭에 있다가 돌아와 집에 가까이 왔을 때에 풍악과 춤추
는 소리를 듣고

26 한 종을 불러 이 무슨 일인가 물은대

27 대답하되 당신의 동생이 돌아왔으매 당신의 아버지가 건강한 그를
다시 맞아들이게 됨으로 인하여 살진 송아지를 잡았나이다 하니

28 그가 노하여 들어가고자 하지 아니하거늘 아버지가 나와서 권한대

29 아버지께 대답하여 이르되 내가 여러 해 아버지를 섬겨 명을 어김
이 없거늘 내게는 염소 새끼라도 주어 나와 내 벗으로 즐기게 하신
일이 없더니

30 아버지의 살림을 창녀들과 함께 삼켜 버린 이 아들이 돌아오매 이
를 위하여 살진 송아지를 잡으셨나이다

31 아버지가 이르되 얘 너는 항상 나와 함께 있으니 내 것이 다 네 것이로되

32 이 네 동생은 죽었다가 살아났으며 내가 잃었다가 얻었기로 우리가
즐거워하고 기뻐하는 것이 마땅하다 하니라

가족치료관점에서 본 성경의 가족이야기

아버지의 유산을 받아서 먼 나라에 가서 탕진해 버린 탕자 이야기는 많이 알아도 그 형에 대해서는 별로 이야기가 많지 않다. 여기에서는 장남과 차남의 상처 모두에 대해 살펴보고자 한다.

장남 : 집 안의 탕자

둘째가 집 밖에 나간 탕자라고 한다면, 장남은 '집 안의 탕자'라고 말할 수 있다.

동생이 어느 날 아버지의 유산을 미리 받아 챙겨서 집을 나가버렸다. 이 동생은 못된 동생이요, 인간 같지도 않은 나쁜 놈이다. 그런데 아버지는 이 동생을 매일같이 기다린다. 그것도 사랑의 마음을 가지고 동생을 기다리니 그 모습을 보는 형의 마음이 어떠했을까?

'아버지 마음에 대못을 박고 떠난 녀석을 저렇게도 기다리다니......'
장남은 평소에도 아버지 말씀을 잘 듣고, 동생이 집을 나간 후에도 더욱 더 아버지의 일을 잘 도우면서 묵묵히 자기 일을 감당했다. 그런데 이런 자신을 두고 못된 동생을 기다리고 있는 아버지가 도저히 이해가 되지 않는다. 처음에는 동생이 불쌍하기도 하고 밉기도 하고, 양가감정이 있었는데, 동생을 기다리기만 하는 아버지를 보니 동생에 대한 불쌍한 마음은 없어지고, 아버지에 대해서도 분노와 부정적인 마음이 점점 더 커져만 가는데, 이것을 주체할 길이 없다.

'아버지는 아버지 옆에 있는 나는 보이지도 않나?'

섭섭하고 원망이 되지만 그래도 참고 자기 일을 해내고 있던 어느 날, 도저히 상상할 수 없는 일이 일어나고야 말았다.

일을 마치고 집에 돌아왔는데 온 집안이 잔치 분위기다. 평상시에는 먹어볼 수 없는 음식들이 즐비하고 손님이 가득하다. 아버지 옆에 누가 앉아 있는데 아주 비싼 명품 옷을 걸치고 있다. 자세히 보니 집 나간 동생이었다.

순간, 피가 거꾸로 솟는 충격 때문에 밖으로 나와 버렸다. 아버지가 집 나갔던 동생이 돌아왔다고 소를 잡고 잔치를 베풀었다는 이 사실이 도저히 믿겨지지가 않았다.

"아니, 어찌 이런 일이?"

장남인 형은 너무 화가 나서 분통이 터질 지경이었다. 이 상황에 집에 들어간다는 것은 미칠 것만 같은 일이었다.

장남은 드디어 참을 수 없어서 아버지에게 분노하며 아버지에게 다음과 같이 항변한다(29-30).

"아버지, 내가 여러 해 아버지를 섬겨 명을 어김이 없거늘 내게는 염소 새끼라도 주어 나와 내 벗으로 즐기게 하신 일이 없더니 아버지의 살림을 창녀들과 함께 삼켜 버린 이 아들이 돌아오매 이를 위하여 살진 송아지를 잡으셨나이다.(이게 어찌 된 일이란 말입니까)?"

형은 동생을 '이 아들'이라고 표현한다. 동생이라고 부르기도 싫은 것이다. 이러한 표현은 동생과 관계를 단절하겠다는 의도를 보여준다. 게다가 형은 동생이 '재산을 창녀들과 함께 삼켜 버렸다'고 하면서 동생의 죄를 고발한다.

그러나 성경에 나오는 이야기를 보면 동생이 '허랑방탕하여 그 재산을 낭비했다'고 기록하고 있지, 창녀들과 놀아났다는 표현은 없는데 형은 동생을 아주 밑바닥 인생이라고 더 폄하한다. 동생이 재산을 탕진할 때 사업을 하다가 망했을 수도 있고, 사기를 당했을 수도 있다. 그런데 아예 창녀와 함께 살았다고 단정 짓고 있다.

형은 그동안 자기가 힘들게 아버지를 섬겨온 세월이 너무 억울하고 분했다. 아버지의 인정과 칭찬, 사랑을 받고 싶었다. 또 장남으로서 아버지를 돌보고 가문을 책임지고 싶은 마음도 있었다. 그리고 동생 때문에 고통당하는 아버지에게 자기까지 아픔을 얹어 주고 싶지 않았다.

그래서 형은 수년간 성실하게 아버지를 섬겼다. 한 번도 아버지의 말씀을 거역한 적이 없었다. 아버지의 마음을 상하게 한 적이 없었다. 항상 눈치껏 최선을 다했다.

그런데 아버지를 향한 그 모든 수고와 노력과 헌신이 일순간 아무것도 아닌 것처럼 느껴진 것이다. 아버지를 위해 아무것도 한 것이 없는 동생, 아버지의 마음에 고통을 주고 재산까지 탕진해버린 동생, 그 동생을 너무 환대하고 반겨주며 잔치를 베풀어주는 아버지에게 너무 화가 나서 하고 싶은 말을 다 해버린다.

'동생을 이렇게 대접하는 아버지, 왜 내게는 한 번도 그렇게 해주지 않으셨나? 그동안 나는 뭐했나?'하는 회의와 아버지에 대한 배신감이 드는 것이다.

그동안 수고하고 애쓴 나보다 제멋대로 사는 동생을 더 위하는 부모를 볼 때 동생도 얄밉지만 부모에게도 실망한다. 다시는 부모를 섬기지 않으리라 결심한다. 그리고 동생을 미워하며 저주를 퍼붓는다. 그런데 이렇게 분노에 몸을 떠는 큰 아들, 씩씩거리며 분을 발하며 화를 내는 장남에게 아버지가 책망하지 않고 따뜻하게 말씀하신다.

"얘야...(31절)"

아버지의 사랑을 오해하고 분노하는 아들에게 아버지는 따뜻한 마음으로 다가가시며, 화가 나서 집에 들어가지 않으려 하자 아버지가 나와서 사랑으로 간구하신다.

"그가 노하여 들어가고자 하지 아니하거늘 아버지가 나와서 권한대(28절)"

여기서 '권한다'의 원문의 의미는 '사정하다, 빌다, 구걸하다'는 뜻이다. 아버지가 이렇게까지 사정하고 있는 것은 아들의 상한 마음을 이해하고 있기 때문이며, 아버지가 아들을 사랑하기 때문에 그런 것이다.

"너는 항상 나와 함께 있지 않느냐? 내 것은 다 다 네 것이 아니냐?(31절)"

장남에게 다시 한번 더 아버지의 사랑을 확인시켜주고 그의 수고를 알아준다. 아들은 아버지의 칭찬과 인정과 보상을 원했지만 그동안 한 번도 아버지의 마음을 확인하지 못했다. 그래도 아버지는 나를 사랑하고 인정해 준다고 믿었는데 사고치고 돌아온 동생을 환대하는 아버지의 모습을 보고 아버지에 대한 오해가 생겼던 것이다. 그래서 너무 화가 나고 속이 상했는데 이제 아버지의 말을 듣고 아버지의 사랑을 확인하게 되었다.

아버지는 사랑하는 큰 아들과 함께 있는 것 자체가 행복이었던 것이다. 그리고 큰 아들이 옆에 있는 것을 허락하고 기뻐하는 것이 아버지의 칭찬이고 보상이었던 것이다. 이렇게 큰아들을 향한 아버지의 깊은 사랑은 '내 것이 다 네 것이다'라는 말에 다 표현되어 있다.

성경에는 그 다음 이야기기 나타나지 않아서 큰 아들이 토라져 있는 것으로 이야기는 끝이 나지만 아마도 시간이 좀 지나서 아버지의 진심을 알고 나면 화가 나고 속상했던 마음이 좀 풀리지 않을까 생각해 볼 수 있다.

장남의 상처 사례

직장을 다니는 어떤 형제가 똑똑하고 일도 잘해서 회사에서 여러 차례 상도 받고 빠르게 승진도 되었다. 회사의 모든 사람이 주목할 정도로 인기도 많았다. 그런데 점점 인정을 받으면 받을수록 이 사람은 이상하게도 결정적인 순간에 게으름을 부리는 것이었다. 그래서 상사의 지시를 따르지 않고, 제멋대로 일을 처리해서 회사에 큰 손실을 내곤 했다.

이런 일이 몇 번 반복이 되니까 회사에서 해고될 위기에 처했다. 그러나 그동안 잘했던 것을 봐서 회사에서 마지막으로 기회를 주기로 했다. 위기에 몰린 이 형제는 그동안 자기가 잘 해왔는데 왜 이런 실수를 하는지 도무지 이해가 되지 않고 어떻게 해야 할지 몰라서 답답해하고 있었다.

하나님의 은혜를 구하며 간절히 기도하던 어느 날 기도 중에 어린 시절의 한 장면이 떠올랐다. 그것은 자기 동생이었다. 이 동생은 태어날 때 심장에 이상이 있어서 곧 죽는다고 했다. 그래서 온 가족이 아이를 살리기 위해 모든 노력을 다했다. 하나님의 은혜로 아이는 죽지 않고 살아났고 계속 잘 성장했다. 그래도 부모는 걱정되니까 동생을 계속 과잉보호했다. 그러면서 동생은 아주 제멋대로 살아가는 성격이 되고 말았다. 이 형제는 동생이 아파서 부모가 늘 걱정하니까 자기는 부모에게 고통을 주지 않기 위해 모범생으로 살았다.

그런데 어느 날 동생이 제멋대로 하고 고집을 부리며 못되게 굴어도 야단치지 않고 그냥 다 수용해주는 엄마의 모습을 보게 되었다. 그 모습을 보는 순간 배신감을 느끼게 되었고 '나는 내 마음대로 하고 싶어도 다 참고 살았는데 동생은 다 받아주다니...' 하는 마음이 들면서 부정적인 마음이 들었다. 그때부터 마음 한 켠에 '나도 삐딱해져볼까? 그래도 나를 사랑해줄까?'하는 마음으로 엄마의 마음을 부정적인 사랑의 방법으로 시험해보고 싶은 마음이 들었다.

형과 탕자 : 형제간 갈등

큰 아들은 부모의 전폭적인 지지를 받다가, 동생이 태어난 후에 부모가 동생에게 더 사랑이 가는 것도 고통이었는데, 부모님이 동생이 잘못하고 말썽을 피워도 잘해주는 것을 보니 얼마나 마음이 힘들고 속상하겠는가? 그래서 이런 마음을 갖게 된 것이다.

'나의 수고에 대해 한 번도 고맙다고 말을 해주거나 선물을 주거나 챙겨주지 않은 부모님, 그런데 사고치는 동생에게는 계속해서 돈을 대주시고 사고를 수습해주느라 쫓아다니는 부모님, 나보고 잘못하고 있는 동생을 도와주라고 요구하시는 부모님, 이 부모가 너무 야속하고 밉고 속이 상하지만 말을 할 수 없으니 더 고통스럽구나.'

인격감각이 부족하고 분별력이 부족한 부모님은 동생을 그저 약한 자녀라고 생각해 더 안쓰러워하신다. 그때마다 큰 아들은 화가 나고 실망이 된다. 이런 마음을 치료하지 못하면 그 인생이 어찌 성공적인 삶을 살아가겠는가?

가족치료관점에서 본 성경의 가족이야기

장남(장녀)의 상처 치유 방법

첫째 아이는 다음과 같은 특징을 가지고 있다.

첫째 아이는 태어나면 부모의 '전폭적인 사랑과 관심'을 받는다. 온 세상이 내 것이다. 그래서 첫째는 체제 지향적이다. 변화를 원치 않는다. 현재의 제도, 분위기, 시스템 그대로 유지하려고 한다. 그래서 보수적이고 전통을 고수하는 사람이 된다.

첫째가 변화를 싫어하는 또 다른 이유는 동생의 출생으로 모든 사랑을 빼앗기는 고통을 맛보았기 때문이다. 이 고통을 '폐위된 황제'라고 부를 만큼 그 상실감이 어마어마하다. 자신의 왕권을 박탈당했으니 동생이 얼마나 밉겠는가?

앞의 사례에서 형은 동생이 태어나기 전까지 부모님 뿐 아니라 할아버지와 할머니의 사랑을 독차지했다. 그런데 동생이 태어나자 갑자기 모든 관심이 동생에게 다 가버렸다. 게다가 동생이 아파서 부모는 동생에게 전적으로 매달리게 되었다.

잃어버린 사랑을 다시 되찾아보려고 아이는 몸부림칠 수밖에 없다. 그래서 엄마 마음에 들기 위해 말 잘 듣는 착한 아들이 되려고 애를 쓴 것이다. 그러나 여전히 사랑과 관심은 동생에게 쏟아지니 얼마나 속상하고 힘이 빠지겠는가?

동생이 무엇 때문에 사랑받나, 관찰해보니, 제멋대로 하는데도 사랑하는 것이다. 그러니 나도 '내 멋대로 해볼까?'하는 생각을 하게 되는 것이다. 이것이 무의식 속에 잠재되어서 사랑과 인정을 줄 만한 사람을 만나면 부정적인 행동을 하게 되는 것이다.

장자는 먼저 자신이 동생으로 인해 기득권을 빼앗겼다는 피해의식으로부터 벗어나야 한다. 동생이 나의 사랑을 뺏어 간 것이 아니라 사랑을 독차지하고 싶은 병든 욕구 때문에 욕심을 부리는 것인데 이것은 잘못임을 인정하고 받아들여야 한다. 동생이 한때는 사랑의 경쟁자였지만 인간은 누구나 다 사랑받고 싶은 마음 때문에 서로 상처를 줄 수밖에 없는 연약한 존재임을 인정하고 자신에 대해서, 동생에 대해서 불쌍한 마음을 가지고 둘 다 수용하려는 자세가 필요하다. 부모님 편에서 공정한 사랑을 주었어도 이기적이고 자기중심적인 인간은 늘 피해의식이 일어남을 알아야 한다.

이 세상 부모가 '형이니까, 누나니까 희생하라'는 메시지를 준 것에 대해서는 상처를 인정하고, 그것도 나를 사랑하지 않아서가 아니라 부모가 연약해서 그런 실수가 있음을 이해하며 받아들이는 것이 중요하다. 부모가 성숙한 분이었다면 첫째인 나를 먼저 사랑하고 존중한 다음에, 내가 자발적으로 동생을 사랑할 수 있도록 이끄셨겠지만, 그렇게 하지 못한 부모의 부족을 이해하도록 해보자.

가족치료관점에서 본 성경의 가족이야기

부모가 나를 덜 사랑하거나, 동생이 내 사랑을 뺏어간 것이 아니라 연약한 인간이었기에 이런 실수를 할 수밖에 없다는 사실을 확인하고 용서하며 놓아주는 것이 중요하다. 피해의식 때문에 부모도, 동생도 미워하며 산다면 결국 내 인격이 파괴되는 결과만 낳을 뿐이다. 결국 나 자신도 점점 더 자신감이 없어지고 위축이 된다. 가까운 관계에서 부정적으로 관계하면 나도 손해요, 가족도 손해인 것이다.

탕자의 형이었던 큰 아들은 아버지가 동생과 자기를 똑같이 대접한다고 오해해서 순간 분노하여 아버지와의 관계에 어려움이 생겼지만 첫째가 알아야 할 것은 아버지를 위해 수고한 것은 하나님도 알고, 모든 사람이 알기 때문에 상급으로 다 남아있다는 사실이다. 수고한 자에게 오는 상을 바라봄으로 동생에 대한 미움을 극복하도록 해보자.

둘째 : 집 밖의 탕자

누가복음 15:11-24

11 또 이르시되 어떤 사람에게 두 아들이 있는데

12 그 둘째가 아버지에게 말하되 아버지여 재산 중에서 내게 돌아올 분깃을 내게 주소서 하는지라 아버지가 그 살림을 각각 나눠 주었더니

13 그 후 며칠이 안 되어 둘째 아들이 재물을 다 모아 가지고 먼 나라에 가 거기서 허랑방탕하여 그 재산을 낭비하더니

14 다 없앤 후 그 나라에 크게 흉년이 들어 그가 비로소 궁핍한지라

15 가서 그 나라 백성 중 한 사람에게 붙여 사니 그가 그를 들로 보내어 돼지를 치게 하였는데

16 그가 돼지 먹는 쥐엄 열매로 배를 채우고자 하되 주는 자가 없는지라

17 이에 스스로 돌이켜 이르되 내 아버지에게는 양식이 풍족한 품꾼이 얼마나 많은가 나는 여기서 주려 죽는구나

18 내가 일어나 아버지께 가서 이르기를 아버지 내가 하늘과 아버지께 죄를 지었사오니

19 지금부터는 아버지의 아들이라 일컬음을 감당하지 못하겠나이다 나를 품꾼의 하나로 보소서 하리라 하고

20 이에 일어나서 아버지께로 돌아가니라 아직도 거리가 먼데 아버지가 그를 보고 측은히 여겨 달려가 목을 안고 입을 맞추니

21 아들이 이르되 아버지 내가 하늘과 아버지께 죄를 지었사오니 지

금부터는 아버지의 아들이라 일컬음을 감당하지 못하겠나이다 하나

22 아버지는 종들에게 이르되 제일 좋은 옷을 내어다가 입히고 손에 가
락지를 끼우고 발에 신을 신기라

23 그리고 살진 송아지를 끌어다가 잡으라 우리가 먹고 즐기자

24 이 내 아들은 죽었다가 다시 살아났으며 내가 잃었다가 다시 얻었
노라 하니 그들이 즐거워하더라

둘째라는 관점에서 탕자에 대해 생각해보자. 탕자가 보기에 형은 모범생이다. 아버지의 말씀을 한 번도 거스르는 적이 없다. 늘 아버지 곁에서 든든한 버팀목이 되어 왔다. 큰 아들을 향한 아버지의 마음은 '넌 훌륭한 내 아들이다'라는 인정이요, '내 모든 것이 너의 것'이라는 보상이요, 보호요, 함께 해주는 동행이었다. 형은 부모에게 모든 신뢰를 다 받는 사람이다.

어린 동생은 형을 향한 아버지의 무한한 신뢰를 넘어설 수 없다. 그래서 탕자는 형과 다른 길을 가기로 선택한다. 그러나 돈이 없으니까 아버지의 유산을 미리 받기로 결심하고 받아 냈다.

둘째는 그 돈을 가지고 아버지의 영향이 미치지 않는 먼 나라로 가서 열심히 수고하여 성공해서 아버지께 보여주리라 다짐했다. 그러나 자기 나름대로 애썼지만 성공하지 못했다. 그는 아무런 경

험도, 지혜도 없었기에 갑자기 주어진 큰 돈을 어떻게 써야 하는지 몰랐다. 그래서 흥청망청 아무 계획 없이 돈을 다 써버렸다. 결국 그는 빈털터리가 되어 버렸다.

동생이 이렇게 허랑방탕한 삶을 살게 된 것은 형에 대한 반항심리 때문이었다. 모든 사랑과 인정을 받는 형, 부모의 권리를 물려받는 형과 다른 길을 가서 성공하고 싶었다. 그래서 합리적이고 모범적인 형과 달리 충동적이고 즉흥적인 감성으로 성공해 보려 했지만 실패한 것이다.

어떤 일에서 성공하려면 분명한 목표와 실천 계획을 세워야 하는데 그런 훈련도 하지 않았으며, 속으로는 이런 모든 것들을 우습게 여긴 것이다. 열정과 돈만 있으면 된다고 생각했다. 그래서 그 인생은 실패로 끝나게 된 것이다. 반대를 위한 반대, 반발을 위해 반발하는 인생은 망한다.

결국 둘째 아들은 밑바닥까지 내려간다. 부잣집 도련님이 남의 집에 돼지 치는 인생으로 추락하였다. 그나마 먹을 것이 없어서 돼지 먹는 밥까지 기웃거리지만 주는 자가 없었다.

모든 방법을 다 동원해도 살아갈 방법이 막막하자, 그는 아버지

품으로 돌아갈 결심을 하게 되었다. 그런데 차마 발길이 떨어지지 않고 자존심이 상해서, 아들로 받아달라고 할 수는 없었다. 아들로 받아달라고 하기에는 너무 뻔뻔한 것 같았다. 그리고 그렇게 될 것 같지도 않았다. 차라리 품꾼으로 돌아가는 것이 마음 편하겠다는 생각이 들었다.

'나를 품꾼 중 하나로 밥만 먹여달라고 부탁해야겠다.'고 생각하며 용기를 내어 집으로 돌아간다.

하지만 이런 마음으로라도 돌아올 때 아버지는 얼마나 기쁘고 반가운지? 멀리서 보고 달려가 끌어안고 입을 맞춘다. 아들이 실패할 것을 아버지는 알고 있었다. 아직 경험이 부족한 아들이 그 많은 돈을 잘 관리할 거라고 생각하지 않았다.

인간은 바닥을 치기 전에는 자신의 죄와 실수, 악을 보지 않으려 한다. 그러나 지혜로운 아버지는 아들이 실패할 것을 알았다. 아들이 실패하더라도 그 실패를 통해 배우고 돌이킬 것을 믿고 기다려 준다. 그리고 마침내 작은 아들이 돌아왔을 때 아버지는 아들에게 달려갔다. 인간은 매우 천천히 하나님께 다가가지만 하나님은 급히 달려 오셔서 사랑과 은혜를 베풀어 주신다. 그동안 어떤 인생을 살았는지, 어떤 죄를 지었는지 전혀 상관이 없다.

옷을 입히고 소를 잡는다. 그런데 그 모든 것이 최상급이다. '제일 좋은 옷'과 '살진 송아지'로 아들의 고통과 수치를 덮어 준다. 그리고 신을 신겨 노예가 아님을 선언한다. 반지를 끼워 신분을 회복시켜 준다.

모든 권한이 다시 주어진다. 누구도 이 작은 아들을 해치지 못한다. 이렇게 아버지는 무한한 사랑으로 그 아들의 상처 난 마음을 싸매고 신분과 명예를 회복시킨다. 둘째 아들은 형보다 나은 인생을 살고 싶었고, 더 인정받고 사랑받고 싶은 마음으로 아버지에게 반발했는데, 자신을 이렇게 환대하는 아버지께 너무 죄송하기만 하다.

'나는 씻을 수 없는 죄를 지었는데, 이렇게 사랑하시다니…….'

아들은 너무 놀랍고 너무 과분해서 어찌 할 바를 모르며, 놀라는 마음으로 아버지 하나님의 사랑을 수용하게 된다.

아들이 돌아온 것은 하나님의 자녀로서의 회복, 구원의 회복이다. 그러나 상급은 없다. 다시 받아주어 시작하게 하는 것 자체가 축복이다. 돌아온 탕자는 돌아온 것이 그의 최선이다. 이제 그 마음을 치료받아 새롭게 살아야 한다. 그는 형과 함께 성숙한 기독교 문화를 만들어 가야 한다. 성숙은 하루아침에 만들어지지 않지만 성숙한 문화를 세우는 것이 축복임을 알고 형과 함께 힘들더라도 인내하며 가야 한다.

둘째의 상처 사례

어떤 집사님이 회사를 다니면서 늘 상사와 갈등을 일으켰다. 이분은 태풍의 눈과 같았다. 갈등이 있고 다툼이 있으면 그 자리에 항상 이분이 개입해 있는 것이었다. 자신의 억울함과 한이 있어서 그런가 하고 살펴보면 그것도 아니었다.

다른 동료들이 상사에 대한 불만이나 회사에 대한 불만을 말하면 그것을 가지고 자기가 그 사람들을 대신해서 상사를 만나 따지고 항의하는 것이었다. 물론 그렇게 하면 다른 동료들은 매우 좋아하고 고마워하였다.

하지만 결국 상사에게 미움을 받고 불이익을 당하고 회사에서 해고된 것은 집사님 자신이었다. 동료들은 자신에게 아무런 도움이 되지 못했다. 다른 회사에 들어가도 마찬가지였다. 그 회사에서도 똑같은 현상이 벌어지곤 하였다.

이 집사님은 둘째였다. 늘 형을 이기고 싶었지만 형이 나이도 많고 힘도 세기 때문에 이길 수가 없었다. 그래도 어떻게든 형보다 자신이 더 사랑과 칭찬을 받고 싶은 마음에 형의 약점을 찾았다. 그래서 형이 잘못한 것이 발견되면 부모에게 일러서 형이 부모님께 혼나면 오히려 동생인 자신이 더 괜찮은 사람으로 인정을 받는 유익이 있었다. 이것은 매우 악하고 어리석은 행동인데 그 부모는 분별해주지 못했다.

이러한 행동들이 이분의 성격에 영향을 주어서, 자기보다 윗사람의 문제를 찾고, 또 윗사람과 싸우는 것이었다. 자기 문제가 아니라도 상관없이 다른 사람들의 불만까지 대신 나서서 싸워줌으로 마치 자신이 정의의 사람이 되는 양 보상을 받으려 했지만 그것은 관계를 파괴시키는 행동이었다.

상사의 입장에서 이런 사람을 어떻게 좋아할 수 있겠는가? 문제가 있으면 대안을 가지고 부드럽게 문제 제기를 해야 한다. 그런데 늘 불만만 가득하고 대안이 없는 이 사람을 좋게 볼 수 없는 것이다. 그러니 적당한 기회가 되면 해고를 당하게 된다.

둘째의 상처 치유 방법

둘째는 둘째만의 심리가 있다. 둘째는 세상에 태어나니 이미 형이나 오빠, 누나나 언니가 사랑을 독차지하고 있음을 알게 된다. 그래서 사랑을 받기 위해서 첫째인 그들을 능가해야만 한다고 생각한다.

첫째를 이기기 위해 몸부림을 치다보니 경쟁심이 강하고 야망적 성격을 가지게 된다. 그래서 현실에 대해 반항하며, 체제를 뒤집는 혁명을 꿈꾼다. 이들이 꿈꾸는 세상은 현실과 반대되는 세상이기에 유토피아적 이상을 꿈꾼다. 그래서 현실적인 대안은 생각하지 않고, 현재의 문제를 지적하고 반대를 위한 반대를 하다 보니 소위 반골, 반체제인사가 된다. 그래서 둘째 인생은 순탄하지 않고 대부분 험난한 인생을 살아가게 된다.

때로는 형이 잘하는 것으로는 이길 수 없다는 것을 알기에 형과 다른 길을 찾아 나서기도 한다. 이런 경우에는 조용히 자기 길을 찾아 나서기 때문에 반항하는 것 같아 보이지 않지만 속으로는 (무의식에) 형을 이기고 싶은 심리가 내재되어 있다.

둘째의 상처를 극복하기 위해서는 먼저 둘째는 반항심리가 있음을 이해하고 인정하는 것부터 시작해야 한다. 쌍둥이 동생인 야곱을 보면, 야곱은 쌍둥이로 태어났지만 간발의 차이로 둘째가 되었다. 얼마나 억울하겠는가? 이러한 억울한 마음을 가질 수밖에 없는 처지를 이해해주어야 한다. 남이 이해해주지 않더라도 본인 스스로 억울한 마음과 반항하는 마음을 가질 수밖에 없었다고 이해하자.

그리고 형이 자기보다 조금 더 일찍 태어난 것 외에는 잘한 것이 없는데도 장자권을 가지고 있으니 그 축복을 빼앗고 싶은 마음으로 살아가고자 하는 역동이 있음도 받아들이자.

야곱의 경우, 자신의 이런 역동을 몰랐기에 형 에서가 배고파 기진맥진해 있는 틈을 타, 자기가 그렇게도 열망했던 장자권을 팥죽한 그릇을 주고 훔쳐온다. 그리고 마침내 아버지를 속여서 장자의 축복을 받는다. 형이 가진 것을 빼앗기 위해 몸부림쳤지만 그 결과 어떻게 되었는가? 형이 죽이려 하고, 아버지도 기겁을 하는 상황에서 그가 선택할 수 있는 것은 살기 위해 고향을 떠나 도망자가 되는 길밖에 없었다.

자신의 마음을 알아주고 역동을 이해해주면, 신기하게 이것을 통제하고 다스릴 수 있는 힘이 생긴다. 그리고 역동을 치유하며 살 때 통찰력이 생긴다. 그래서 어떠한 결과가 올지 예견할 수 있는 능력도 가질 수 있게 되며, 자신의 반항심리를 세상의 어려운 일들을 극복하는 에너지로 전환할 수 있게 될 것이다.

야곱은 인생 말년에 가서야 자기가 '험악한 세월'을 살았다고 바로왕 앞에서 고백한다. 이것은 야곱이 자신을 이해하고 수용함으로서 둘째의 심리를 가지고 험난한 인생을 살아 온 자신을 수용하고, 부정 에너지를 긍정 에너지로 전환한 것이라 해석할 수 있다. 역사에서 위대한 인물 중에 둘째들은 바로 자신의 에너지를 하나님이나 타인을 위해 헌신했던 사람들임을 기억하고 우리도 그런 위대한 인물이 될 수 있도록 힘을 써보도록 하자.

1. 전체 내용을 읽은 후에 얻어지는 깨달음이 무엇인지 적어보자.

2. 나의 상처 이야기

형제순위 때문에 부모님에게 상처를 받은 경험이 있다면 이러한 상처를 치유하고 극복해야 할 것이다. 나의 경우 상처를 받았거나 혼란스러운 '사건이 있다면 그것이 무엇인지 기록해보자.

3. 나눔과 적용

내가 장남으로서 받은 상처를 믿을만한 사람이나 소그룹에서 나누고 공감과 위로를 받은 후 이 상처를 극복하고 새롭고 건강한 나로 살기 위해서는 어떠한 것들이 필요한지 적어보고 나누자.

11 마르다와 마리아
자매간 질투

누가복음 10:38-42

38 그들이 길 갈 때에 예수께서 한 마을에 들어가시매 마르다라 이름 하는 한 여자가 자기 집으로 영접하더라

39 그에게 마리아라 하는 동생이 있어 주의 발치에 앉아 그의 말씀을 듣더니

40 마르다는 준비하는 일이 많아 마음이 분주한지라 예수께 나아가 이르되 주여 내 동생이 나 혼자 일하게 두는 것을 생각하지 아니하시나이까 그를 명하사 나를 도와 주라 하소서

41 주께서 대답하여 이르시되 마르다야 마르다야 네가 많은 일로 염려하고 근심하나

42 몇 가지만 하든지 혹은 한 가지만이라도 족하니라 마리아는 이 좋은 편을 택하였으니 빼앗기지 아니하리라 하시니라

예수님이 어느 날 마르다의 초대를 받게 되었다. 이 가정은 부모님이 계시지 않고, 형제들이 함께 살고 있었다. 그 가족은 첫째가 마르다, 둘째는 남동생 나사로, 그리고 마리아가 막내였다. 이들 가족이 예수님과 가깝게 지낸 것을 보면 마르다와 마리아가 보통 여자들이 아니었을 것으로 추측해볼 수 있다.

요한복음 11장에 보면 예수님이 나사로를 살리신 사건이 소개되어 있다. 평소에 예수님께서 두 자매와 나사로를 사랑하셨다. 나사로가 병들어 죽게 되었을 때에 마르다와 마리아가 예수님께 사람을 보내어 나사로를 살려달라고 부탁을 한다.

그러나 예수님은 나사로가 죽은 지 나흘이나 지난 후에 오셨다. 마르다가 예수님을 원망한다.

"주께서 여기 계셨더라면 내 오라버니가 죽지 아니하였겠나이다(요 11:21)"

뒤늦게 달려 나온 마리아도 똑같은 말을 한다.

"주께서 여기 계셨더라면 내 오라버니가 죽지 아니하였겠나이다(요 11:32)"

두 자매는 예수님에 대한 믿음이 분명했다. 그러나 예수님에 대한 사랑과 기대가 큰 만큼 그 기대가 충족되지 못할 때 미움과 원

가족치료관점에서 본 성경의 가족이야기

망도 클 수밖에 없었다. 예수님이 나사로를 살리시려고 무덤을 막고 있는 돌을 옮겨 놓으라고 하시니까 마르다는 죽은 지가 나흘이 되어 벌써 냄새가 난다고 이야기하였다(요 11:39).

이런 대답을 하는 것을 보면 마르다의 성격은 고분고분한 스타일이 절대 아님을 알 수 있다. 자기 생각이 뚜렷하고 주장이 확실하다.

그렇다면 마리아는 어떤 성격일까? 요한복음 12장에 보면 예수님을 초대한 자리에서 예수님의 발에 300데나리온이나 하는 값비싼 향유를 붓는다. 우리 돈으로 약 3천만원 정도 되는 금액이다. 그 비싼 향유를 아까워하지 않고 예수님의 발에 그냥 부어버린다. 마리아는 다른 사람들이 어떻게 생각하든 상관하지 않고, 자기 생각과 신념대로 돈도 마음껏 쓰는 여인이다.

두 여인 모두 다 믿음도 확실하고, 헌신도 화끈하고, 성격도 결코 호락호락하지 않다. 나사로를 살려내신 예수님이 우리 집에 손님으로 오신 날, 두 여인이 예수님의 사랑을 두고 팽팽한 줄다리기를 하고 있는 것을 보면 알 수 있다. 잘못하면 한판 붙을 수 있는 일촉즉발의 상황이 벌어지게 되었다.

마르다는 예수님을 초대한 맏언니로서 열심히 음식을 준비한다.

마르다는 일중심의 사람이라 일을 통해 예수님의 사랑과 인정을 받고 싶어 한다. 한번 일을 시작하면, 아주 탁월하게 처리한다. 또 음식솜씨는 얼마나 대단한지 타의 추종을 불허한다. 그래서 자신 있게 준비하고 있다.

동생 마리아가 있지만 자기 혼자서 주님을 대접하고 싶은 마음에 도움을 청하지도 않았다. 그런데 음식을 준비하면서 살펴보니까 동생 마리아가 예수님의 발아래 다정히 앉아 예수님의 말씀을 열심히 듣고 있었다.

순간 얼마나 속이 뒤집어졌는지 모른다. 자신의 선택이 잘못되었다는 생각이 들 때 얼마나 혼란스러웠겠는가? 자신은 땀을 뻘뻘 흘리며 열심히 음식을 준비하고 있는데, 자신이 예수님의 사랑과 인정을 받는 것이 아니라 아무것도 하지 않은 동생이 예수님을 독점하고 있는 것이었다. 순간 얼마나 분노가 치밀어 올랐겠는가? 처음에는 자기 마음을 다독이며 일을 했지만, 도저히 더 이상 두고 볼 수가 없었다.

그래서 예수님께 와서 항의한다.
"주여 내 동생이 나 혼자 일하게 두는 것을 생각하지 아니하시나이까? 그를 명하사 나를 도와주라 하소서(눅 10:40)"
우리는 이 상황을 보면서 마르다와 마리아의 관계를 생각해보게 된다. 만약 마르다가 동생을 꽉 잡고 있으면 예수님께 말할 필요가 없다. 그냥 마리아에게 "이리 와서 음식 만드는 것을 도와!"라고 하든지, 아니면 좀 더 교양 있고 부드럽게 말하면 마리아가 순종했을 것이다.

그런데 마르다가 예수님께 직접 말하는 것은 마르다가 동생을 통제하지 못하는 수준인 것이다. 이것을 보면 마리아도 보통 여자가 아님을 알 수 있다. 마르다가 지금 할 수 있는 것은 예수님을 움직이는 것이다. 예수님께 마리아가 얼마나 나쁜 동생인지 그를 고발함으로 예수님의 힘으로 마리아가 언니를 돕도록 만들려 하는 것이다. 그래야 예수님과 마리아를 떼어놓을 수 있고, 예수님이 자신만을 좋아하게 만들 수가 있는 것이다.

마르다는 예수님이 지금 마리아와 대화한 것은 매우 잘못된 행동임을 부각시키고자 하였다. 동생이 지금 예수님과 대화하는 것은 자기를 돕지 않는 게으른 것이며, 예수님이 동생을 잘못 지도하고 있다는 것을 암시하면서, 예수님께 항의한다.

예수님을 조종하고 통제하려는 행동은 매우 비인격적인 행동이다. '주여'라고 겉으로는 정중히 말하고 있는 것처럼 보이지만, 예수님을 비난하고 지금 명령하고 있다. 그 속에는 강력한 조종과 통제가 있다.

마르다와 마리아 : 자매간 질투

지금 마르다가 이렇게 말하고 있는 이유가 무엇일까? 지금 자기가 예수님을 대접하기 위해 얼마나 애쓰고 있는지 알아달라는 것이다. 사실 마르다가 예수님께 음식을 대접하려는 이유는 예수님께서 나사로를 살려주신 감사와 사랑을 표현하고 싶은 마음도 있지만 다른 한편으로는 예수님의 사랑과 인정을 받고 싶은 마음이 있는 것이다.

그런데 일하는 자기에게는 눈길도 주지 않으시고 동생 마리아와 재미나게 얘기를 나누고 계시니 참을 수 없는 히스테리와 분노 폭발이 일어나는 것이다. 그리고 더 나아가 마리아가 언니를 돕지 않는 것은 매우 이기적인 것이고 나쁜 동생이라고 그를 끌어내리면서 비난하고 있는 것이다.

우리는 누군가 내 마음에 안 드는 사람이 있을 때 혼자 미워하는 것으로 끝나지 않는다. 다른 사람에게 그 사람 욕을 하면서 나쁜 사람으로 몰아가게 된다. 그러면서 다른 사람의 동조를 기대한다. 이게 다 조종하는 마음이다.

결국 마르다가 마리아를 비난하는 것은 질투심 때문이다. 마리아가 자기가 음식을 만드는 사이에 예수님의 사랑을 독차지하고 있으니 그 꼴을 두고 볼 수가 없는 것이다. 마르다의 마음은 예수님께 사랑과 인정받고 싶은 마음인데, 마리아가 그 사이에 끼어있으니 참을 수가 없다. 질투심은 이처럼 무서운 것이다.

　그러나 마리아도 만만치 않다. 마리아도 남의 눈치를 보면서 행동하는 사람이 아니다. 자기 고집대로 자기가 옳다고 생각하는 대로 과감하게 행동한다. 언니 마르다가 조종하려고 해도 꿈쩍도 하지 않는다. 언니가 분주하게 움직이는 것을 보았겠지만 외면하고, 자기 하고 싶은 대로 더 센 고집으로 맞선다.

질투 사례

한 수도사가 어느 사막에서 하나님의 뜻에 합당한 경건한 생활을 하기 위해 금식을 하며 고행을 하고 있었다. 그때 이 모습을 지켜보던 마귀들이 그를 시험하기로 했다.
먼저 마귀는 음식을 가지고 그를 시험했다. 그러나 그는 조금도 흔들리지 않았다. 다른 마귀들이 차례로 와서 육체적인 욕망, 물질, 의심, 공포 등으로 그를 시험했으나 그는 조금도 흔들리지 않았다. 어떻게 그를 넘어뜨릴까 머리를 모으고 고민하던 마귀들은 한 가지 방법을 생각해냈다. 마귀가 다가와서 그의 귀에 대고 말했다.
"수도사님, 수도사님의 동생이 알렉산드리아의 주교가 되었답니다."

마르다와 마리아 : 자매간 질투

우리 식으로 말하면 교단의 최고 높은 자리인 총회장이 된 것이다. 그러자 수도사의 얼굴빛이 창백하게 변하면서 당황하여 어쩔줄 몰라 하였다. 다른 시험을 잘 극복했던 수도사가 마음의 평정심을 잃어버리고는 끝내 질투에 넘어지게 되었다.

질투는 이처럼 극복하기 어려운 시험이다. 가인과 아벨의 이야기는 형제간의 질투를 보여주는 고전이다. 가인은 하나님께서 자신의 제물보다 동생의 제물을 기쁘게 받으시니 격분해서 동생을 죽이는 악을 범한다.

질투의 원인 및 증상

질투는 타락한 인간의 본성이요, 악한 감정이다. 인간의 본성인 질투는 싹을 잘라버리지 않으면 그 힘이 강력해서 질투가 사람을 지배하게 된다. 질투가 사람을 지배하면 자비심은 사라지고 타인에 대하여 여유가 없고, 늘 긴장 가운데 살게 된다. 삶의 기쁨과 만족도 없고, 행복은 찾아보기 어렵다.

질투는 하나님과의 깊은 교제로부터 멀어지게 하고, 육체적, 심리적, 영적 건강을 해치게 된다. 형제간의 질투는 동생이 태어남으로써 어머니가 동생만 사랑하는 것처럼 보일 때 일어난다. 또 가정에서는 자기가 최고였는데 유치원이나 학교에 가니 선생님이 자기만을 사랑하지 않고 다른 친구들을 사랑하고 관심을 가질 때 질투심이 생겨난다.

질투심에 붙잡히면 퇴행하여 아기처럼 행동하거나, 음식을 안 먹거나, 토하거나, 옷을 안 입거나 함부로 장난감을 부수기도 한다. 밤에 오줌을 싸기도 하고 동생을 꼬집거나 때리거나 친구들과 싸우기도 한다.

질투양상을 보면 남자와 여자가 조금씩 다르다.
남성들은 자기 분야에서 최고가 되기 위해서 몸부림치며 노력을 한다. 그런데 내가 인정받고 싶은 부모님이나 지도자가 나보다 다른 사람을 더 인정하면 견딜 수가 없다.
더구나 내 아내나, 혹은 내가 사랑하는 어떤 여성이 나보다 다른 남자를 더 인정한다고 느낄 때 견딜 수 없는 질투심이 일게 된다. 그 질투심에 나를 내던지면 인생이 파괴되는 것을 알면서도 한번 발동이 되면 억제하기가 참으로 어렵다.

남성과 달리 여성은 주로 사랑받기 위해서 경쟁하고 질투하는데 내 남편이든, 부모님이든, 지도자든 간에, 나에게 중요한 대상

마르다와 마리아 : 자매간 질투

이 나보다 다른 사람을 더 좋아한다고 느끼면 참을 수 없는 고통이 일어난다. 그래서 조용히 그 대상을 죽인다.

질투심을 다스리지 못하면 자신을 다치게 하고 다른 사람을 해치는 결과가 나타난다. 그래서 상대방을 비난하고 음해하거나 모략한다. 또는 자기 자신을 학대하여 자포자기 하기도 한다.

질투심 극복 방법

어떻게 해야 질투심을 극복할 수 있을까?

질투심은 자기만 사랑받고 싶은 자기애적 성향이 강할 때 강렬하게 일어난다. 어떤 경우에 자기애적 성격으로 자라게 될까? 다음과 같이 여러 요인들을 생각해볼 수 있다.

첫째, 어린 아이가 부모와의 관계에서 충분하고도 적당한 보호와 사랑, 인정, 그리고 존중을 받지 못하고 자랄 때 질투심의 지배를 받는다. 이런 경우는 성장하는 과정에서, 그리고 어른이 되어서 강한 소유욕에 사로잡히는 성격으로 자라날 가능성이 많다. 충분한 사랑을 받지 못하면 독립심과 자아존중 같은 건강한 내면 심리가 발달하는데 방해가 된다.

　부모가 아이에게 심리적, 정서적으로 필요한 욕구를 충족시켜 주는 것은 너무 중요하다. 마르다와 마리아의 부모님이 언제 돌아가셨는지는 확실히 알 수 없으나 부모로부터 충분한 공급을 받지 못한 것으로 추측해볼 수 있다. 이들이 신앙심 때문에 예수님을 사랑하고 따른 것일 수도 있지만, 부모 없는 결핍감이 예수님에 대하여 다른 사람보다도 더 집착하고 의존하는 관계로 자란 것도 생각해볼 수 있다.

　둘째, 부모에게 너무 과한 사랑과 보호를 받기만 하는 경우에도 자기애적 성격으로 자라게 된다. 아이는 초기 어린 시절에는 사랑을 충분히 받다가 점차 커 가는 과정에서 서서히 사랑이 덜 채워져야만 자신의 자기애성을 버리고 타인과 적절한 관계를 유지할 수 있는데, 과한 사랑이 아동기를 지나 청소년기 이후까지 지속이 되는 경우에 자기애적 성격으로 굳어지게 된다. 이렇게 자란 사람은 자신이 공주며 왕자고, 왕이며 여왕으로 대접받고 싶은 마음이 강렬하여 다른 사람이 나보다 더 사랑받는 것을 참을 수 없게 된다.

　셋째, 부모가 어린 시절 학대를 받고 자라서 성격장애를 가지고 있거나, 부모 자체가 자기애적 성격을 가지고 있는 경우, 자기애성이 너무 강한 배우자와 결혼하여 살게 되는 경우, 독자로 자란 경우 등 여러 가지 원인으로 자기애적 성격이 형성되기도 한다.

그렇다면 자신만 사랑받고 주목받고 싶은 이런 마음을 어떻게 극복할 수 있을까?

먼저 자신에게 질투심이 있음을 인정하고 수용한다.
'아, 내가 화가 났구나, 속상하구나, 질투심이 일어나는구나' 하고 자신의 마음 그대로를 인정해주고 수용해준다.

그 다음에는 질투심은 자신과 타인을 파괴시킴을 알고 버린다. 모든 질투의 근원은 욕심에서부터 시작된다. 나 아닌 다른 사람이 사랑받거나 인정받을 때 질투의 대상이 된다. 직장에서도 자신보다 더 빨리 발전하는 후배나 더 나은 성과물을 내놓는 동료를 보면 미워하는 감정이 생긴다. 이 감정이 질투심이다.

또한 인간은 누구나 질투심이 있기 때문에 질투심이 일어날 때 이 질투심을 선하게 사용하도록 한다. 질투심의 긍정적 요인은 나를 자극해서 더 잘하도록 도전하는 힘이 되기도 하는 것이다. 누가 나보다 더 잘한다고 느낄 때 순간 일어나는 질투심은 나에게 열정과 도전을 제공한다. 이러한 마음을 수용하면서 '나도 더 열심히 하자.'고 다독이면서 질투와 분노의 감정을 긍정적인 성장욕구로 전환해 나가는 자세가 필요하다.

바로 그때 작은 일에 충성하고 내게 맡겨진 일에 최선을 다하고 수고하게 된다. 그리고 세월이 흐르면 흐를수록 실력이 만들어지고 삶의 성공이 만들어지게 된다.

마르다의 항의와 조종에 대한 예수님의 반응을 보면, 예수님은 너무 인격적인 태도를 보여주신다.

"마르다야, 마르다야, 네가 많은 일로 염려하고 근심하나 몇 가지만 하든지 혹은 한 가지만이라도 족하니라 마리아는 이 좋은 편을 택하였으니 빼앗기지 아니하리라 하시니라(눅 10:41-42)"

얼핏 보면 예수님이 마리아 편을 들어주시고 마르다를 책망하는 것처럼 느껴진다. 또 일하는 것, 봉사의 중요성을 외면하고 말씀을 듣는 것이 중요하다고 하시는 것처럼 보인다. 하지만 이런 생각은 다 오해다.

예수님은 세 가지 접근을 하신다.
먼저, 마르다를 위로하신다. 먼저 화가 나 있는 마르다의 마음이 진정되도록 따뜻한 음성으로 부르신다.

"마르다야 마르다야, 내가 너를 잊지 않고 있단다. 네가 나를 위해 수고하고 있는 것을 알고 있단다." 말씀하시면서 마르다의 마음을 만져주시고 위로하신다.

그 다음에 마르다의 현재 상황을 보게 하시고 그 일이 어떤 마음을 갖게 되었는지에 대하여 전체적인 공감을 해주신다. 주님이 먼저 마르다를 공감해주신다.

'네가 너무 많은 것을 대접하려고 하고 있다.'
이것은 마르다가 봉사와 일을 통해 사랑을 보여주려고 하는 것이다. 예수님은 이런 그의 마음을 아시고 축복하신다.
"네가 많은 것으로 나를 대접하려고 하는 것, 그 마음이 너무 고맙다."

마지막으로 문제를 해결해주신다. 마르다를 위로하시고 방향을 제시해주신다.
"그러나 과하게 하지 말고 몇 가지만 해도 되고, 힘들면 한 가지만 해도 나는 괜찮고 만족한다."
그 방향은 마르다가 염려하고 근심하지 않을 정도로 하라는 것이다. 마르다는 예수님께 맛있는 음식을 대접하는 것이 행복이었다. 그러나 그것이 과해지면 부담과 염려가 되는 것이다. 그래서

가족치료관점에서 본 성경의 가족이야기

마르다가 욕심을 내려놓고 자신이 행복할 정도로만 음식 준비를 하라는 것이다. 예수님은 자신이 대접받는 것에 관심있는 것이 아니라 마르다가 행복하기를 바라시는 것이다.

예수님은 마르다의 선택을 존중하시면서도 인간의 약함을 아시고 마르다에게 할 수 있는 만큼의 지혜로운 선택을 하라고 말씀하신다. 마르다가 스스로 음식대접을 선택한 것이었지만 인간은 힘들어지면 불평불만을 쏟아내는 약함이 있다. 마르다는 부모 없는 가정의 맏딸이었기에 자신이 부모역할을 떠맡아서 과한 책임을 지며 살아 온 것으로 보인다. 예수님은 그 상황을 아시고 과하게 책임을 지느라고 수고하고 있는 마음을 수용하고 이해하시면서 새로운 방향을 제시해주신다.

"여러 일 하느라 힘들어하고 걱정하지 말고 네가 할 수 있는 만큼만 하도록 해라. 일을 너무 과중하게 하다보면 근심만 쌓이니까 한두 가지만 하도록 하여라."

예수님은 마르다의 과한 책임감을 스스로 보게 하심으로 더 좋은 방향을 향해 나아가기를 바라신다.

그러면 마리아는 아무 잘못이 없을까? 마리아는 자신이 원하는 것을 선택한 것은 맞지만, 그 선택을 할 때 언니를 배려하는 부분이 부족한 것이다. 언니가 예수님을 대접하기 위해 음식준비를 하

마르다와 마리아 : 자매간 질투

는 것을 알고 있으면서 도움이 필요한지 묻지도 않고 도와줄 생각도 없었던 것 같다. 아마도 언니 마르다가 엄마 역할을 하다 보니 마리아는 받는 것에 익숙한 성격으로 자란 것 같다. 그러기에 언니의 수고와 고통을 모르고 자신이 하고 싶은 것에만 집중하고 있는 매우 이기적인 면이 있어 보인다.

예수님은 아마도 마르다와 대화가 끝난 후에 마리아에게 그가 선택한 것은 좋은 것이기에 잘한 것은 맞지만, 바쁜 언니를 돕지 않는 이기심이 있었다면 마리아에게 그 이기심을 버리라고 권면하셨을 것이다.

형제자매 관계에서 부모의 사랑을 더 받기 위해 경쟁하고 질투하는 것은 당연한 것이고 또 성장의 동력이 되기도 한다. 우리 안에 마르다의 질투심, 마리아의 이기심이 다 있을 것이다. **각자 자신의 질투심과 이기심을 내려놓고 서로의 형편과 처지를 이해해주고 공감해주면서 각자의 생각과 의견을 존중하는 태도로 관계하고, 서로의 선택을 존중해주는 성숙한 인격적 모습을 갖추도록 노력하는 것이 주님이 원하시는 형제자매 관계인 것이다.**

그리스도인은 하나님의 무한하신 사랑 안에서, 내 인생은 내 것이 아니고 주님의 것이기에, 나를 십자가에 못 박고 자기를 부인하는 삶으로 방향성을 정하고 사는 것이 너무 중요하다. 이러한 노력은 비단 혈연의 형제자매 관계에만 해당되는 것이 아니라, 예수 그리스도안에서 하나된 교회 공동체에도 적용이 되어야 할 것이다.

마르다와 마리아 : 자매간 질투

발견과 적용

1. 전체 내용을 읽은 후에 얻어지는 깨달음이 무엇인지 적어보자.

2. 나의 상처 이야기

나의 경우 형제(자매)간 질투심을 느꼈던 사건 때문에 힘들었던 경험이 있다면 그것이 무엇인지 기록해보자.

3. 나눔과 적용

나의 상처를 믿을만한 사람이나 소그룹에서 나누고 공감과 위로를 받은 후 이 상처를 극복하고 새롭고 건강한 나로 살기 위해서는 어떠한 것들이 필요한지 적어보고 나누자.

가족치료관점에서 본 성경의 가족이야기

2부
가족치료관점에서 본 건강한 가족

가족치료관점에서는 가족의 구조, 가족의 기능, 가족의 관계를 중심으로 가족이 어떠해야 하는지 설명하고 있다.[7] 또한 가족의 부정적인 면과 병리적인 면보다 가족의 강점과 성장에 초점을 두는 가족 건강성 개념에 대한 연구도 있다. 이론가마다 정상 가족과 비정상 가족을 구분하기도 하고 구분하지 않기도 한다. 이처럼 가족을 보는 관점이 어떠하냐에 따라 건강한 가족에 대한 관점 자체도 다를 수밖에 없는데 여기에서는 통합적 관점으로 건강한 가족은 어떠해야 하는지 살펴보고자 한다.

1. 친밀한 부부관계

2. 이마고를 알고 의식화하는 부부

3. 좋은 대상이 되어주는 엄마

4. 가족체계가 안정적인 가족

5. 경계가 분명한 가족

6. 분화가 잘되어 있는 가족

7. 상호 존중하는 가족

8. 의사소통이 잘되는 가족

9. 기능이 잘되는 가족

10. 합리적인 규칙과 훈계가 있는 가족

11. 갈등을 해결하는 가족

12. 성경적 가치관을 내면화하는 가족

7) 가족치료이론은 다양하지만 가장 주목받고 있는 이론으로는 보웬의 가족치료, 구조주의 가족치료, 전략적 가족치료, 경험주의 가족치료, 정신분석적 가족치료가 있다.

01 친밀한 부부관계

"성공적이고 행복한 가족을 이루는 비결은 무엇인가?" 가장 최우선의 과제는 '친밀한 부부관계를 이루는 것'이다. 사랑으로 하나된 부부관계는 행복한 가족을 이루기 위한 초석이다.

친밀함이란 상대와 더할 나위 없이 가까운 정도를 말한다. 부부가 삶의 많은 영역에서 배우자와 정서적으로 아주 가까운 상태에 있을 때 친밀한 부부관계를 유지할 수 있다. 부부가 단짝, 동반자, 제일 친한 친구, 연인이 되는 것이다. 즉 '2개의 심장이 하나로 뛰는' 것이다.

부부의 결합은 매우 친근한 것이기 때문에, 성경은 이를 한 육체가 된다고 말한다(창 2:24). 이것은 한 사람의 필요는 배우자의 필요와 분리되지 않고 연결되어 있다는 것을 의미한다. 한 쪽을 상처주고 손상시키는 것은 다른 쪽에도 영향을 미친다. 한 쪽을 양육하는 것은 다른 쪽을 양육하는 것이다.

친밀한 부부관계를 위해서는 다음과 같은 것들이 중요하다.

첫째, 상대방을 신뢰하는 것이다.

신뢰할 만한 이유가 있으면 그만큼 신뢰가 쉬워진다. 상대방을 향한 신뢰는 다음과 같이 일정한 조건이 충족될 때 부부간의 관계도 더 깊어진다. 그러므로 부부는 신뢰가 깊어질 수 있도록 서로 노력하는 자세가 필요하다.

- 상대방이 정서적으로 나를 지지하며 칭찬해 줄 때
- 내가 중요하게 생각하는 일에 관심을 보일 때
- 착취하거나 조종하는 행동을 하지 않을 때
- 일관성이 있고 성실할 때
- 상대방이 나를 거부하지 않고 수용의 자세를 보일 때
- 나에게 정직한 태도로 대하는 경험이 쌓일 때

둘째, 상대방을 인정해주고 무조건적이면서도 긍정적으로 대하는 것이다.

사람은 누구나 자신의 행위와는 상관없이 타인에게 사랑받고 싶은 욕망이 있다. 그것은 인간의 가장 기본적인 욕구 중 하나다.

신체적 매력을 잃어도, 나이가 들어 힘을 잃었을 때에도, 나 자신

이나 나의 행위가 배우자의 기대에 잘 부합되기 때문이 아니라 있는 모습 그대로 자신이 사랑받고 존중받는다는 것을 느낄 때 부부 관계에 더 친밀감을 느낄 수 있다.

최초로 대서양 횡단에 성공한 비행사 찰스 린드버그는 미국의 영웅이자 세계의 영웅이었다. 그 아내는 남편에 대해 이런 글을 남겼다.

"사람들은 내 남편을 영웅이라고 한다. 그러나 국가의 영웅, 민족의 영웅이기 전에 아내인 나의 영웅이며 우리 가정의 영웅이다.
내가 그와 결혼했을 때 나는 매우 심약했고, 부끄러움을 많이 탔으며, 신경질적이었고, 매사에 불안하고 초조했다.
그러나 내 남편은 늘 나에게 "당신은 넉넉히 그 일을 할 수 있소, 힘을 내요." 하면서 하루도 거르지 않고 나를 격려했다.
그는 하늘을 날기 전에 나에게 가능성의 하늘을 날게 했다. 그이는 나의 영웅이다."

셋째, 심리적으로 편안함을 느끼도록 하는 것이다.
심리적으로 불편한 상대와 연애하거나 결혼하는 경우, 자기 모습을 있는 그대로 보이면 상대방에게 버림받을까 두렵기도 하고, 관계가 깨질까봐 불안하기도 하다. 배우자에게 심리적으로 편안함을 주기 위해서는 배우자의 입장에서 바라보고, 도우려는 태도를 갖고 비판과 거절감을 주지 않아야 한다. 또한 상대방을 조종하려는 태도를 버리고, 있는 그대로 존중하고 배려하는 자세가 필요하다.

어떤 부부 이야기이다.

아내는 시골 농부의 딸로 태어나서 아주 신실하고 정직하고 근면하게 살아가는 여성이다.

남편은 소설가로서 삶이 자유롭고 상상력도 풍부해서 글을 쓸 때 약간 과장해서 묘사하는 글들을 가끔 쓰기도 한다. 이것을 작가의 상상력이라고 생각할 수도 있다. 하지만 아내는 '그것은 정직한 표현이 아니다. 진실 그대로 묘사하지 않는 것이다. 독자를 속인다'고 하면서 늘 남편을 지적하였다. 남편은 지적을 받을 때 마다 얼마나 괴로운지 심리적으로 위축되고 좌절과 분노가 점점 커져갔다.

아내는 자기 나름대로는 남편을 돕기 위해 남편이 정직하고 진실하게 글을 쓰도록 비판했을 것이다. 그러나 부정적이고 비판적인 아내의 말을 계속 듣는 남편이 어떻게 감동적인 글을 쓰며 성공적인 작가가 될 수 있겠는가?

넷째, 상대를 위해 헌신하는 것이다.

헌신이란 상대방을 사랑하겠다는 의지를 가지고 상대방의 행동이 사랑스럽지 않을 때도 그 사람을 계속 사랑하는 것이다. 또한 아무 조건 없이 상대방 곁에 있어 주는 것이고, 상대방에게 기쁨과 행복을 주고자 최선을 다하는 것이며 어떤 상황에서도 영원히 아껴주는 것이다.

미국의 그리스도인 의사 사이저는 '어느 외과의사의 비망록'이란 에세이에 그가 수술했던 한 환자에 대해 이런 글을 기록하고 있다.

침상 곁에서 그녀의 남편은 마취로 잠든 아내의 얼굴을 들여다보며 아내가 깨기를 기다리고 있었다. 두 번의 수술에도 불구하고 교통사고로 그녀의 입은 비뚤어져 있었고 볼에는 흉터 자국이 그대로 남아 있었다.

한참 후에 눈을 뜬 아내가 제일 먼저 남편을 쳐다보면서 "여보, 내 얼굴 어때요?"라고 물었다. 남편은 미소를 지은 채 아내를 내려다보며 말했다.

"어떻긴, 당신 너무 귀여운데." 아내가 "정말?" 하고 묻자 "정말이고말고." 라고 대답하며 남편은 눈물을 흘렸다. 그 눈물이 아내의 흉터 진 볼로 떨어져 내렸다.

이 눈물은 아내의 흉터를 지우는 데는 효력이 없을지 모른다. 그러나 아내의 마음속에 상처를 치유하는 데는 그 무엇보다 감동적인 치료제였다. 어떤 어려움 속에서도 아내의 곁에 있어주는 남편의 헌신은 아내의 상처를 치유하고 행복한 부부관계를 만들어갈 수 있는 것이다.

전통적으로 우리나라는 부모-자녀 중심으로 가족관계가 유지되어 왔지만, 부모-자녀 관계가 부부관계보다 더 우선시 될 때 역기능 가족이 된다. 자녀들은 잠시 부모와 함께 있다가 자기 길을 떠나는 '손님'이다. 부모는 자녀들이 어느 기간 머물다가 서서히 자신의 인생을 찾아 떠날 수 있도록 독립의 과정을 준비해야 한다.

최근, 우리나라도 부모-자녀 중심에서 부부 중심으로 가족의 구조가 바뀌고 있다. 또한 가부장중심 가족 문화도 부부 평등 또는 아내 우위 중심으로 변화가 일어나고 있다. 이는 매우 바람직한 현상인 동시에 우려되는 면도 있다. 문화가 바뀔 때에는 문화를 받아들이는 과정에서 지혜가 필요하다.

02 이마고를 알고 의식화하는 부부

'이마고(IMAGO)'란 '이미지'[8]의 라틴어로써 우리 마음 한 가운데 자리 잡고 있는 어떤 현상에 대한 생각을 의미한다. 즉 자신의 양육자들에 관한 수많은 정보들을 하나로 혼합하고 단일한 이미지를 형성하여 자신도 모르게 내적인 영상을 갖는 것을 말한다.[9]

이마고는 어린 시절에 가장 중요한 대상의 여러 다양한 이미지들이 무의식적으로 형성된 집합체라고 할 수 있다. 그리고 사회화과정에서 받은 영향들과 사람들과의 관계에서 형성된 복합적인 무의식 이미지들이 개인의 주요 성격에 영향을 미치고, 이것이 타인과의 관계양상에서 표출된다.[10]

....

8) 이를 한국어로 번역할 때 최범식은 심상(心象)이라 하였으며, 이마고이론은 정신분석적 가족치료이론에 해당한다.

9) 하빌 핸드릭스(Harville Hendrix: 1935~) 박사는 시카고대학에서 종교심리학 박사학위를 받고 상담사로서의 첫발을 내딛었으며, 유니온신학교에서 신학학위를, 머서대학에서 예술사학위를 받았다. 달라스에 위치한 남감리교대학의 퍼킨스신학교에서 9년간 교편을 잡은 후, 자신의 이혼 문제를 이해하기 위해 부부문제를 연구하기 시작했다. 이 일을 계기로 부부들을 '의식적인 결혼'으로 발전하도록 도와주는 치료 과정인 이마고커플치료를 발전시키게 되었다. 이마고커플치료협회는 전 세계적으로 천여 명 이상의 상담사를 양성했으며 지속적으로 교육을 실시하고 있다.

10) 저자는 하빌 핸드릭스의 이마고커플치료이론을 한국적 상황에 맞게 연구하였으며 그 내용을 "한국적 이마고 부부치료(다세움)"로 출간하여 대학교와 대학원에서 가르치고 있다.

이마고의 형성은 부모의 말에 의해 형성되기도 하지만 부모가 보여준 분위기와 삶에 의해 더 많이 형성된다. 부모의 부정적인 이미지가 마음속에 크게 남아 있는 경우, 부모의 긍정적인 이미지는 잊혀져 마음속에 묻혀버린다. 이러한 이미지는 무의식적이어서 가까운 관계, 특히 부부관계나 가족관계에서 나타난다.

따라서 이마고 원리를 아는 부부는 각자가 무의식 속에 형성되어 있는 어린 시절의 정서적 경험들을 확인하고 그것의 심리적 역동을 인식하여, 어린 시절의 상처를 오히려 치료적 도구로 활용하여 건강한 부부 이미지를 재창조하도록 서로 도와준다.

결혼 8주년을 앞둔 부부가 심각한 갈등으로 인해 더 이상 함께 살 수 없다며 상담자를 찾아왔다. 남편은 조종사였고 아내는 간호사인데 근무시간이 달라 함께 시간을 보낼 기회도 점점 줄어들었고 오랜만에 함께 있어도 행복하지 않았다. 그래서 서로에게 불만이 점점 많아지면서 늘 다투게 되었다.
남편의 불만은 집에 돌아왔을 때 집안이 더럽다는 것이었다. 처음에는 화가 났지만 참고 밀린 설거지나 청소를 하며 아내를 기다렸다. 그런데 자꾸 기분이 나빠지면서 부정적인 생각이 일어났다. 아내가 자신이 올 때를 기다려 일부러 설거지나 청소를 하지 않고 미루고 있다고 생각되면서 더 화가 나고 불쾌했다.

아내도 자신 만의 힘든 사정이 있었다. 간호사로 교대근무를 하기 때문에 일정한 생활리듬을 유지하기가 어려웠다. 아내가 사회생활을 하는 것은 남편이 바라는 점이기도 했다. 남편은 아내에게 집에만 있지 말고 돈도 벌고 자신의 삶을 가꾸라고 했다. 그래서 일도 하고 이것저것 배우느라 집안 살림에 시간을 많이 투자하지 못했던 것이다. 아내는 결혼 초기에는 남편에게 미안하면서도 감사한 마음을 가지고 살았다. 그런데 남편의 잔소리와 불평, 화가 점점 많아지자 아내의 불만도 늘어가기 시작했다.

이 부부의 가족력을 살펴보았더니 남편의 어머니는 가정주부로 집을 깨끗하게 만드는 결벽증이 있었고 아들을 자기 뜻대로 키우려고 늘 간섭했다. 남편은 어머니의 그늘에서 벗어나려고 애써왔다. 그래서 자기 아내는 직업이 있어야 바빠서 자신에게 잔소리하지 않거나 자신을 괴롭히지 않을 것이라는 무의식의 작동이 있었던 것이다.

반면 아내는 남녀차별이 많은 가정에서 여자로서 무시를 받고 자랐다. 간호사라는 직업을 선택한 것도 전문직을 가져야 무시당하지 않을 것이란 생각 때문이었다. 남편을 선택한 것도 그의 직업이 조종사여서 엘리트 직업이며 신사적인 태도가 몸에 배어있을 것이라는 기대와 환상이 있었던 것이다.

가족치료관점에서 본 성경의 가족이야기

이 두 사람은 부모에게 받은 상처를 결혼을 통해서 배우자에게 보상받으려는 무의식의 지배를 받은 것이다. 그래서 자신이 사랑받고 이해받고 행복해지는 것에 관심이 집중되어 있는 것이었다.

이마고 이론에 따르면 배우자와의 만남, 즉 이마고 짝은 어찌 보면 함께 할 수 없는 두 사람이 비현실적이고 낭만적인 사랑으로 인해 만남을 시작한 것이다. 이것은 배우자를 통하여 잃어버린 자아를 회복하여 온전한 사람이 되고픈 욕구 때문에 시작된 것이다. 그래서 서로 다른 성격유형처럼 보이지만 실제로는 자기와 닮은, 그러나 자신이 원하는 것을 주기에는 너무 힘든 배우자를 만나게 된다. 이러한 배우자가 어찌 자신의 상처를 치유해 줄 수 있겠는가?
자신의 상처를 치료하는 법을 배우고 자신을 수용하며 성찰해나갈 때, 배우자가 원하는 것을 주는 방법을 배울 수 있게 되고 그결과 자신과 배우자를 함께 치료할 수 있게 된다. 이렇게 되면 자신과 배우자가 함께 치료됨으로써 자신들의 잃어버린 자아를 회복할 수 있고 마침내는 함께 성장할 수 있다. 이것이 바로 이마고이론이 지향하는 점이다.

행복하고 성숙한 부부관계와 가족을 이루기 위해서는 먼저 부부들이 과거에 상처가 있었다는 점을 인식하고, 서로의 상처를 탐색하고 받아들이며, 서로의 상처를 보듬어가려는 노력을 해야 한다.

이마고를 알고 의식화하는 부부

이러한 인식과 함께 부부는 서로에게 적이 아니라 동지라는 사실을 깨닫고 서로의 상처를 이해하고 치료해 나갈 수 있는 조력자임을 받아들일 때 축복을 누리게 된다.

이 과정에서 꼭 염두에 두어야 할 사실은 이 세상에 완전한 부부는 한 쌍도 없다는 사실이다. 모든 부부는 예외 없이 어느 시점에서 상처를 받은 경험을 가지고 있으며, 서로가 상처받았다는 그 사실이 서로에게 도움이 된다는 것을 깨닫는 것이 회복의 여정인 것이다.

내적인 상처를 치료하며 행복한 결혼이 되기 위해서는 자신의 상처를 인정하고 변화시키려는 결단을 갖고 의식적으로 노력해야 한다. 이마고 치료방법의 핵심 8가지를 확실히 인식하고 적용하려고 할 때 부부 관계는 성숙한 관계로 발전할 수 있다.

① 자신의 옛 상처를 인식한다. 기도, 상담, 묵상을 통하여 매일의 삶을 관찰하고 사랑을 충분하게 받지 못하고 삶의 중요한 부분들을 억누르고 살아온 이유를 인식한다.
② 자신의 상처와 삶에 대해 통찰력을 수집하고 배우자와 함께 나눈다. 각종 양식을 활용하여 자신을 분석하고, 배우자 및 상담자와 나누고 필요한 경우에는 치료를 의뢰한다.
③ 배우자를 새롭게 만난다. 배우자를 있는 그대로 보면서 그의

아픔을 수용하며 서로 문제가 있지만 상처를 치료하고 돕는 자로 만난 것임을 기억하고 배우자에 대한 새로운 이미지를 심는다.

④ 관계를 새롭게 한다. 상처를 치료하기 위해 관계들을 새롭게 디자인하기 시작한다. 이때는 서로의 약점을 충분히 드러내는 시기이므로 내가 먼저 이해받고 싶은 마음이 생기는 때이다. 배우자의 약점에 대해 실망하거나 공격하고 싶은 인간의 악한 본성이 나올 수 있음을 유의하고 상대방의 아픔이나 약점을 이용하려는 마음을 갖지 않도록 노력해야 한다.

⑤ 새롭게 관계를 맺는 것에 대한 저항을 극복한다. 변화를 추구할 때 여러 종류의 저항이 나타날 수 있음을 인정하고 극복함으로써 배우자를 더 선명하게 볼 수 있다.

⑥ 타인의 직면을 수용한다. 자신에 대한 타인의 직면은 자신의 어두운 부분들이며, 자신이 보지 못한 부분임을 깨닫고 사랑 안에서 수용하는 것을 연습한다.

⑦ 치료자로 섬긴다. 자신과 배우자에 관해 얻은 정보에 의해 행동하려는 결단을 내리고 배우자의 치료자가 되기를 결심하고 그의 아픔과 눈물에 대해 깊이 공감하며 위로한다.

⑧ 의지적인 결단을 한다. 자신의 욕구에 초점을 맞추고자 하는 본성을 다스리며 배우자에게 초점을 두고자 하는 의식적인 선택을 한다.

이러한 과정은 자신의 상실된 자아를 서서히 되찾게 해주고 어린 시절에 잘려 나간 자신의 일부분들을 통합하게 해준다. 우리의 상처들이 치료되고 보다 많은 부분들이 의식 속으로 들어옴으로 우리는 새로운 통합성과 고유한 일치성을 지니게 된다. 이렇게 될 때 우리의 인격과 삶이 더욱 더 빛나게 될 것이다.

가족치료관점에서 본 성경의 가족이야기

03 좋은 대상이 되어주는 엄마

    대상관계상담은 어린 시절에 부모와의 상호작용을 통해 형성된 대상에 대한 표상과 자기에 대한 표상이 복잡하게 형성되어 그것이 그 이후 성인이 되어서도 영향을 미친다고 말한다.[11]

    이것은 이마고 원리와도 같은 개념이다. 어린 시절에 부정적인 표상이 너무 강하게 형성된 사람은 이후 성인이 되어서도 이러한 표상을 가지고 자신을 비난하거나 판단하며, 타인과도 부정적으로 관계한다. 이미 형성된 부정적 표상을 가지고 관계하면 관계는 힘들어지고 문제가 생길 수밖에 없다.

    그러므로 어린 시절에 엄마가 긍정적이면서도 아이를 있는 그대로 수용해주고 공감해주면 아이의 마음과 정신이 대상과 자신에 대해서 긍정적인 상이 형성된다. 긍정적인 표상이 내면에 형성

---

11) 대상관계이론은 이론가에 따라 주장하는 것이 다르지만 그 근본관점은 부모와의 상호작용을 통해 대상과 자기에 대한 표상이 복잡하게 형성되어 그 이후 삶의 전 영역에서 영향을 미친다는 점에서는 일치를 보이고 있다. 여기에서는 도널드 위니컷의 관점을 주로 하여 좋은 대상에 대하여 설명하고자 한다. 대상관계이론은 정신분석적 가족치료에 속한다.

되면 이 표상을 중심으로 사고가 발달하므로 긍정적인 사고가 발달하게 된다.

연약하고 무기력한 어린 아이는 절대적으로 엄마를 의존하다가 점차 신체적, 인지적으로 능력이 생겨남에 따라 엄마를 덜 의존하는 과정을 거치면서 서서히 엄마로부터 독립하게 된다. 이러한 인생 여정에서 엄마가 좋은 대상이 되어줄 때 아이의 모든 자기(self)들은 통합이 되어 응집이 되는데, 이렇게 되면 아이는 건강한 인격의 가장 중요한 기초인 자아통합이 이루어진다.

아이에게 적절하면서도 민감성을 가진 엄마의 돌봄을 좋은 대상 제공자라고 하는데, 좋은 대상은 연약한 아이가 건강한 삶을 사는데 가장 중요한 요소이다. 위니컷(Donald Winnicott: 1896-1971)은 "엄마의 품이 편안해야 아이가 타고난 잠재력을 발달시키고, 안정된 능력을 갖게 된다."고 주장하였다.[12]

엄마가 아이에게 긍정적이고 좋은 대상이 되어주기 위해서는 엄마가 어떠해야 하는지 다음과 같이 4가지로 설명할 수 있다. 그것은 '(편안하고) 신뢰롭게 안아주기, 적절하게 다루기, 필요를 즉각적으로 제공하기, 적절한 좌절을 겪도록 하기'이다.[13] 엄마가 이러

....
12) 생의 초기에 영아가 필요로 하는 것은 주로 '신체 상태'에 관한 것이고, 이는 자아의 정신발달과 직결된다.
13) 대상관계이론에서는 건강한 인격을 갖추게 되는 기초를 '응집된(견고한) 자기'가 형성되었다고 하는데, 이것은 아이의 모든 것들(자기)을 있는 그대로 안아주는 대상이 있을 때 가능하다고 보고, 그러한 대상이 있을 때 대상항상성이 형성되었다고 말한다.

한 4가지 기능을 가지고 아이를 대해주면 아이는 건강하고 통합된 인격을 갖출 수 있는 기초가 마련되어 영유아기 때 뿐 아니라 성인이 되어서도 안정감을 가지게 된다.

이러한 4가지 기능은 성장 및 발달에 지속적으로 필요하며, 발달 단계에 따라 조금씩 변화가 필요하기도 하다.

첫째 : 신뢰롭게 안아주기

신뢰롭게 안아주는(또는 품의 제공) 대상은 아이를 편안하게 안아주는 것이다. 아이는 편안한 품이 있을 때 '자기를 경험하는 존재의 기초'가 마련된다. 엄마는 아이의 고유한 흐름을 깨지 않으면서 안아주는 환경이 되어야 한다. 엄마가 아이의 모든 신체부분들 뿐 아니라 심리적으로 편안한 품이 되어줄 때 아이의 자아가 통합 될 수 있는 기초가 된다고 하였다.

이때 아이에게 온전히 몰두하는 엄마는 아이를 신체적인 위험으로부터 보호해주고, 아이의 모든 감각에 집중하게 된다. 그래서 이때는 엄마의 민감성이 필요하다. 만약 엄마가 신체적으로나 심리적, 관계적, 경제적으로 힘든 경우 엄마는 아이에게 몰두할 수 없게 된다. 그렇게 되면 아이는 돌봄을 받지 못하게 되고, 이후에 건강한 아이로 자라기가 어렵게 된다.

좋은 대상이 되어주는 엄마

둘째 : 적절하게 다루기

적절하게 다루어주는 대상은 아직 미숙한 아이에게 필요한 것들을 적절하게 제공해주는 것이다. 이렇게 대해주면 아이는 자기가 살아있다는 느낌을 갖게 되고 이것은 생명력과 연결이 된다. 이 시기에 엄마가 아이를 적절하게 다루어준다는 것은 적절한 때에 기저귀를 갈아주고, 목욕을 시키고, 흔들어 재우는 등의 역할을 하는 것이다. 이러한 필요 적절한 돌봄은 영아가 안락함을 느끼며, 생기를 느끼고 자신의 육체와 정신이 통합되는 느낌을 갖게 해준다. 이렇게 다루어주면 아이의 신체는 안아주는 엄마(환경)에 의해 하나가 되는 느낌을 갖는다. 이러한 하나 됨은 자아 통합에 있어서 매우 필수적이며, 몸의 조화와 세련됨, 즐거움의 기초가 된다.

셋째 : 필요를 즉각적으로 제공하기

아이가 필요로 하는 것을 즉각적으로 제공해주는 대상이 필요하다. 엄마는 영아가 젖가슴이나 우유병을 '상상할 준비'가 되어있을 때, 즉 '찾을 준비'가 되어있을 때, 이 대상들을 제공한다. 이때 영아는 스스로 대상을 창조했다는 착각을 하게 되고, 엄마는 영아에게 전능한 존재가 되는 경험을 하게 해준다. 이렇게 되면 대상은 영아가 그것을 기다리는 순간에 실제로 존재하게 되는 경험을 함으로써 자신이 힘이 있는 존재라고 느끼게 되고 이것은 그 이후의 삶에서 자신을 신뢰하는 기초를 마련해주게 된다.

넷째 : 적절한 좌절을 겪도록 하기

아이가 조금씩 성장하게 되면서 (유아기, 걸음마기 이후가 되면) 모든 것을 충족시켜주지 않고 서서히 좌절을 주는 과정이 필요하다. 이러한 좌절경험은 아이에게 슬픔과 괴로움을 주는 동시에 아이가 "모든 것이 충족되지 않을 수도 있구나."라는 현실 경험을 받아들이도록 돕는 것이다.

만약 이 시기에 계속적으로 좋은 엄마로만 있고 싶어서 아이가 원하는 모든 것을 채워주게 되면 아이는 좌절을 극복할 수 있는 힘을 상실하게 된다. 이 능력을 영구히 갖지 못하도록 하는 과보호 엄마는 좋은 대상이 아니라 나쁜 대상이 되는 것이다.

따라서 좋은 대상은 아주 어린 영아에게는 거의 모든 것을 충족시켜주다가 아이가 점점 힘을 갖고 능력이 생겨나면 이 세상을 헤쳐 나갈 수 있는 힘을 스스로 갖도록 서서히 물러나주는 대상이어야 한다.

이 시기에 많은 엄마들이 크면 알아서, 스스로 할 것이라는 생각으로 좌절 경험을 미루곤 하는데, 이것은 굉장한 오산이다. 유아기에 적절한 좌절, 즉 엄마로부터 실망을 경험하지 않은 아이들이 유아기와 아동기, 그리고 청소년기에 힘든 일을 안 하려는 아이로 자란다는 것을 알게 된다면 좌절 경험을 주는 것이 얼마나 큰 축복인지 깨닫게 될 것이다.

결국 좋은 대상으로서의 엄마는 아이를 잘 안아주고, 일관성 있고 조심스럽게 대하며, 어느 정도 욕구를 충족시켜주면서도 아이의 성장에 맞게 적절히 좌절을 주는 엄마이다. 이러한 엄마 역할은 어린 아이에게만 필요한 것이 아니라 자녀가 어른이 될 때까지 제공되어야 한다. 엄마와 다른 독립된 개체로서 현실에 적응하며 살 수 있도록 돕는 대상이 좋은 대상이므로 사춘기 시절에 아이를 독립시키기 위해서는 초등학교 시기부터 조금씩 준비하는 것이 좋다.

돌봄이 적절할 때 아이는 통합이 이루어지며, 인격감각을 발달시킬 수 있게 된다. 인격감각이 잘 계발된 사람은 자기의 모습이 긍정이든 부정이든 다 자기임을 수용하고 인정하며, 현실을 명확히 인식할 수 있는 능력을 가지게 된다. 그리고 어려운 상황에서도 좌절을 극복할 수 있는 인내심을 가지게 되고, 자신 뿐 아니라 다른 사람과 적절하게 관계할 수 있는 능력을 가지게 된다.

그러나 통합되지 않은 엄마, 즉 어떤 때는 좋은 엄마였다가 어떤 때는 너무 나쁜 엄마로 갑자기 변하는 엄마한테 양육 받으면 아이의 인격에 심각한 문제를 초래하게 된다.

04 가족체계가 안정적인 가족

　가족의 체계에 관심을 둔 구조적 가족치료이론가인 미누친(Sal-vador Minuchin: 1921-2017)은 가족을 체계적이며 통합된 전체로 보았다. 그리고 가족은 지역사회에 속해있는 하위체계이며 하위체계는 가족의 기본적인 구조와 상호교류유형에 영향을 준다고 보았다.[14]

　가족 안에는 여러 다양한 시스템, 즉 체계가 존재한다. 부부체계, 부모체계, 어머니와 딸, 어머니와 아들체계, 아버지와 딸, 아버지와 아들체계, 형과 동생체계 등 다양한 체계가 존재한다. 이러한 체계들을 가족 안에 있는 하위체계라고 한다.

　건강한 가족은 하위체계의 구성원이 고유의 역할과 기능을 충실히 수행한다. 또한 부모 하위체계와 부부 하위체계가 분리되어 존재한다. 그리고 고유한 품격과 특성을 유지하면서도 각 구성원이 독립적으로 성장하도록 도와주며 지지체계를 가지고 있어서 가족

14) 가족의 구조와 체계에 관심을 둔 미누친의 주요개념으로는 구조, 하위체계, 경계, 제휴 또는 연합 등이다. 그는 가족의 병리는 역기능적인 영향에서 기인하는 것으로 보고 이러한 가족에게는 가족 구조의 재구조화가 필요하다고 하였다. 또한 기능적 가족은 적절한 변화와 조화를 이루어야 한다고 주장하였다.

원이 삶에 대한 희망을 갖고 살아갈 수 있도록 지지해 준다.

각 하위체계가 안정적이 되기 위해 필요한 것들은 다음과 같다.

1) 부부 하위체계

가족의 하위체계 중에서 부부 하위체계는 두 사람의 결혼과 더불어 형성된다. 부부체계가 건강하게 기능하기 위해서 부부는 각자 원가족의 영향에서 어느 정도 독립적이고 적절히 분화되어야 한다(분화에 대해서는 다음 장에서 좀 더 자세히 설명할 것이다).

부부 하위체계의 주요 과업은 협상과 조정이다. 부부는 서로 사랑해서 결혼하였지만 서로 추구하고 생각하고 느끼는 것이 다를 수밖에 없다. 그러므로 서로 사랑한다 하더라도 다른 점이 무엇인지 잘 분별하고 수용하면서 협상하고 조정할 수 있는 능력이 필요하다. 사랑한다고 해서 어느 한 쪽이 다른 한쪽에 다 맞춘다는 것은 건강한 부부관계가 아니다.

부부가 서로의 생각이 다른데 입장을 굽히지 않고 주장하는 경우에는 타협이 잘되지 않는다. 이 때는 자기가 원하는 것을 포기할 수 없는 사람이 배우자에게 선물(배우자가 포기하는 대신에 다른 것을 받을 때 기분이 좋은 그 무엇)을 줄 준비를 해야 한다.

생각해보라. 둘 다 내 것을 주장하고 싶은데, 누가 포기해야 하는가? 포기하는 사람은 포기할 만한 무엇인가가 주어져야 피해의식이나 불만을 가지지 않고 기쁘게 포기할 수 있는 것이다. 그러므로 부부사이라 하더라도 내가 원하는 것을 얻어내려면 상대방이 좋아하는 것을 주어 상대방이 일방적으로 희생하는 느낌이 들지 않도록 하는 것이 지혜로운 방법이다.

부부 하위체계의 기능은 성, 친밀감, 사랑 등과 연관되어 있다. 특히 성적인 관계는 부부에게만 허락된 관계로서 은밀하면서도 중요한 것이므로 이 부분에 대하여 연구하고 대화해야 한다. 부부가 친밀감을 가지고 원만한 성 생활을 유지하기 위해서는 가족 내 다른 체계에서 적절히 보호되어야 한다(친밀감에 대해서는 1장에서 자세히 설명하였다).

사랑에 대해서는 많은 부부들이 사랑을 받는 것으로 생각하고 소위 서로 받으려는 무의식 욕구에 사로잡혀 사랑싸움을 하기 때문에 부부관계에 많은 문제가 발생한다. 심리학자 에리히 프롬은 대부분의 사람들이 사랑을 '사랑한다'는 관점보다 '사랑받는다'는 관점으로 본다고 말하고, 악기 연주법을 배우는 것과 같은 방법으로 사랑하는 법(사랑을 줌으로써 받는 것)을 배워야 한다고 강조하였다.

부부간에 사랑이 넘치는 관계가 유지되기 위해서는 열정, 친밀감, 그리고 헌신의 조화가 필요하다. 이 세 가지가 균형을 이룰 때 평생 동안 사랑이 지속될 수 있다.

첫째, 열정이 필요하다.

부부간 열정을 유지하기 위해서는 의미 있는 신체적 접촉과 즐겁고 긍정적인 경험(예: 낭만적인 저녁식사, 연극이나 영화 구경, 여행, 스포츠나 공통의 여가생활 등), 그리고 배우자를 매일 칭찬해 주는 것과 같은 노력이 필요하다. 남편과 아내 모두에게 있어 가장 중요한 낭만적 열정의 요소는 자신이 특별하다고 느끼는 것이다.

배우자는 서로에게 성적 매력이 있는 대상이길 원할 뿐만 아니라 고마움과 찬사의 대상이 되고 싶어 하는데 이것을 잘 유지할 때 열정이 유지될 수 있다.

둘째, 친밀감이 필요하다.

친밀감을 증대시키기 위한 방법은 앞에서 설명하였지만 좀 더 추가하고자 한다.

- 의미있는 시간을 함께 보내라. 사랑은 저절로 유지되는 것이 아니라 둘만의 질적이고 양적인 시간을 필요로 한다.
- 배우자가 어떤 이야기를 하더라도 자기중심적으로 듣지 말고 말하는 사람의 시각으로 들으려고 노력하라.

- 무조건적으로 용납하라. 거절과 비난이 없을 때 깊이 있는 나눔이 가능하다. 불완전한데도 불구하고 무조건적으로 용납되고 있다는 것을 느낄 때 친밀감은 더 증진된다.
- 공통점에 초점을 맞추어라. 친밀감은 감정과 경험과 믿음을 공유할 때 자라난다. 서로 공유하고 있는 공통점에 초점을 맞추는 정도에 따라 친밀감은 더욱 깊어진다.
- 영적인 영역을 함께 계발하라. 두 사람이 영적인 영역을 함께 공유할 때 그들은 영혼의 친구가 된다. 부부가 영적인 뿌리가 없으면 순수하고 깊은 친밀감이 생기기 어렵고 피상적 관계만을 가질 뿐이다.

셋째, 헌신이 필요하다.

결혼이 헌신의 관계가 되기 위해서는 다음의 것들을 추천하고자 한다.

- 서로 헌신하기 위해 구체적인 노력을 하기로 결심하는 것이다. 일생동안 사랑을 유지하려면 상대를 위해 헌신하겠다는 의지와 함께 실천이 이어져야 한다.
- 배우자의 필요를 충족시키기 위해 공감적으로 접근해야 한다. 배우자의 일상적인 필요를 많이 충족시켜 줄 때 사랑은 더 깊어진다.
- 배우자와의 약속을 지켜라. 배우자와의 약속을 귀히 여기는 것

은 헌신을 증가시키는 좋은 방법이다. 배우자에게 약속한 것을 지키기 위해 노력하는 사람은 사랑스러울 수밖에 없다.

열정, 친밀감, 헌신 이 세 가지가 부부간의 사랑을 유지시켜주고 깊어지게 하는데, 특히 이 세 가지가 정삼각형처럼 일치되고 균형을 이룰 때에 성숙한 사랑이 이루어진다. 어느 한 쪽으로 치우치면 사랑의 성숙이 일어나기가 어렵다.

열정에 지나치게 치우치면 배우자를 욕망의 대상으로만 보게 된다. 친밀감에 치우치면 감상주의자가 되기 쉽고, 헌신에 치우치게 되면 의무에 빠져 메마르고 권태로운 부부 생활을 하게 된다. 성공적인 결혼은 열정과 친밀감과 헌신이 온전히 어우러질 때 나오며, 계속해서 유지하려는 노력이 있을 때 가능하다.

2) 부모-자녀 하위체계

부모-자녀 하위체계는 자녀가 있을 때 형성된다. 부모-자녀 하위체계는 아버지와 아들, 어머니와 딸, 아버지와 딸, 어머니와 아들로 이루어질 수 있다. 이 하위체계의 가장 중요한 측면은 사랑으로 양육하며 서로 존중하는 것이며, 위계구조를 확립하는 것이다. 그렇지 못할 경우 역기능적으로 될 가능성이 크다.

부모의 주요 기능은 사랑의 자녀양육, 분명한 방향이 있는 지도, 적절한 통제의 기능을 수행하는 것과 연관이 있다. 자녀 양육은 자녀의 연령이나 발달단계에 따라 달라진다. 부모는 자녀의 발달단계에 맞는 규칙을 설정하고 부모의 권위를 적절히 사용함으로써 자녀의 성장과 발달을 도와야 한다(자녀 양육과 지도와 통제에 대해서는 1부 전체와 2부의 3장과 10장에서 설명하였다).

3) 형제자매 하위체계

자녀들은 형제자매 하위체계 속에서 서로 지지하고, 관계하고, 희생하는 법을 실험하고 배운다. 또 자신의 위치와 대등하지 않은 형제자매와의 관계에서 협동하고 협상하며, 친구를 만들고 연합하는 법을 배우고 실험한다. 뿐만 아니라 서로 간의 차이와 갈등을 해결하고, 형이나 누나에게 복종하고, 때로는 자신의 의견을 주장하기도 하며, 자신을 보호하거나 지키는 법을 연습하며 배울 수 있다.

형제자매 관계에서 중요한 것은 인생의 기본 기술을 실험하고 배우는 것이다. 많은 경우, 부모들이 자녀들에게 "서로 싸우지 말고 살아라. 부모는 이게 소원이다."라는 식으로 말하곤 하는데 이것은 자녀들에게 자신의 진실한 감정을 덮고 위선으로 거짓 친밀감을 가지고 살라는 말과 같다. 자녀들은 때로 형제관계에서 미움과 시기, 질투와 분노로 싸우고, 때로 협상하며, 때로 갈등하고 경쟁하면서 성장하는 관계다. 그러므로 싸울 때, "절대 싸워서는 안 된다. 너희들은 왜 싸우냐? 부모 속 썩는 건 안 보이냐?"고 다그치는 것은 매우 어리석은 양육 방식이다. 싸울 때, 왜 싸웠는지 묻고 서로의 감정을 공감해주고 용서하며 화해하는 법을 가르쳐주는 것이 더 현명한 것임을 알아야 한다.

형제자매의 세계에서 획득한 위치와 학습은 그 후에 이어지는 삶의 과정에서 매우 중요하게 작용한다. 형제자매 하위체계가 기능적이 되도록 하기 위해서는 부모 하위체계에 대항하여 자신들만의 세계와 흥미를 개발하고 확립할 수 있어야 하며, 사생활이 보호되어야 하고, 시행착오의 자유를 확립해주어야 한다. 좀 더 쉽게 말하면 잘 싸우고 잘 화해해야 나중에 사회에 나가서도 갈등관계를 두려워하지 않고 지금 연습하고 배운 대로 적용해보도록 격려할 수 있는 것이다.

갈등을 두려워하거나 회피하기보다 갈등 상황에서 적절한 해결책을 찾도록 하는 것이 싸우는 것을 연습하지 않고 성장하는 것 보다 백배 더 바람직한 것이다.

05 경계가 분명한 가족

하나의 시스템으로 이루어져 있는 가족의 상호교류 패턴을 유심히 관찰하면 누가, 언제, 어떻게, 누구와, 얼마나 자주 관계를 맺는지, 그래서 그들의 관계는 얼마나 친밀한지 파악할 수 있다. 이러한 개념이 바로 경계 개념인데 건강한 가족의 경계는 어떠해야 하는지 살펴보자.[15]

1) 가족구조 내의 경계선

니콜스와 슈왈츠(Nichols & Schwartz)는 「가족치료-핵심개념과 실제적용(Family Therapy: Concepts and Methods, 2004)」에서 가족 내에서 건강한 경계는 너무 개방되어 있거나 너무 폐쇄된 상태가 아니라고 하였다. 건강한 경계는 하위체계들이 필요한 자원을 얻을 수 있을 만큼 개방되어 있으면서도 가족 전체가 하나됨을 유지할 수

15) 가족의 경계에 대한 연구는 미누친과 보웬 등의 공헌이 크다. 여기에서는 미누친의 개념을 주로 소개하고, 보웬은 6장 분화에서 자세히 소개하고자 한다.

있을 만큼만 폐쇄적이면 된다고 하였다.

만일 가족원간의 경계가 너무 개방되어 있으면 가족관계는 개인 중심으로 움직이기보다 가족원 전체가 하나가 되고 밀착될 가능성이 높아지게 된다. 이렇게 되면 가족원들은 자신의 감정이나 생각을 다른 가족원들과 구분하지 못하여 분화의 어려움이 있게 된다.

다른 한편 경계가 너무 폐쇄적이면 가족원들은 소통의 기회가 줄어들어 가족 관계에는 거리감이 있고 단절된 상태가 된다. 이러면 서로 간에 최소한의 간섭 외에는 관계가 거의 이루어지지 않기에 가족 안에서 소외감을 가질 수 있다.

잭 볼스윅(Jack O. Balswick)과 주디 볼스윅(Judith K. Balswick)은 이 개념을 토대로 하여 이탈, 분화, 그물화로 가족 관계를 설명하였다. 이 개념은 미누친의 경직된 경계, 분명한 경계, 밀착된 경계의 개념과 일치한다. 아래의 <그림 1>에서 굵은 선은 가족간의 경계선들을 상징하고, 가는 선들은 가족원 각자의 삶을 나타낸다.

경직된 가정의 경우 각 개인은 다른 구성원들에게 거의 영향을 미치지 않으며 응집력이 너무 약해서 다른 구성원들로부터 심리적 고립 상태에서 살아간다.

경계가 밀착된 가정에서는 모든 사람들의 생활이 아무런 희망도 없이 뒤얽혀 있다.

반면에 경계가 분명한 가족에서는 일상생활이 서로 겹쳐지는 면이 있지만 각 구성원들은 서로 적극적이고 의미심장하게 맞물려 있으면서 구성원들이 가족 내에서도 잘 관계하고 가족 외의 관계에서도 적절하게 지낼 수 있다. 이런 가정이 건강한 가정이다.

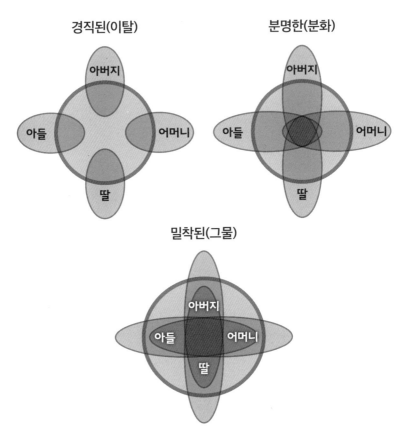

[그림 1] 경직된, 분명한, 밀착된 경계

2) 경계선에 따른 특성

미누친(Salvador Minuchin)은 가족체계 내에서 병리적 경계가 어떤 것인지에 관심을 두었는데, 건강한 경계에 장애가 되는 두 가지 형태는 경계가 너무 약한 것과 지나치게 강한 것이라고 하였다.

(1) 경직된 경계(이탈)

경직된 경계는 가족원들 간의 경계가 지나치게 분명하여서 서로 간에 침투하지 않는다. 가족원들 사이에 거리감이 있고, 각자 고립되어 생활한다. 경직된 경계는 자율성과 독립성이 과하게 강조되는 반면, 소속감이 부족하고, 도움이 필요할 때 지원을 요청하지 않으며 보호를 바라지도 않는다.

심하게 경직된 가족은 반응이 필요할 때도 반응을 하지 않으며, 의사소통이 이루어지지 않고, 서로 도와주지도 않는다. 강한 경계를 설정하게 되면 자폐성이나 고립상태를 만들기도 한다. 경직된 경계선은 '나는 나, 너는 너' 식의 태도로 아무 상관이 없는 식으로 서로를 대한다.

(2) 밀착된 경계(그물화)

경계가 너무 약한 구조는 가족원들 간에 분리가 되지 않고 밀착되어 있는 상태를 말한다. 이러한 가족원들은 대체로 미분화되어 있어서 내가 다른 사람의 부분인 것처럼 느끼며 관계한다. 즉 가족원들 사이의 구분은 희미하고, 거리감이 없고, 강한 소속감을 유지하는 것을 더 중요하게 생각하기 때문에 자율성과 자발적인 행동은 존중받지 못한다.

이처럼 심하게 밀착된 가족구조 내에서는 한 가족원의 행동은 즉각 다른 가족원에게 영향을 준다. 그리고 한 개인의 긴장은 경계를 넘어 쉽게 전파되며 다른 하위체계로 빨리 전달된다. 밀착된 경계선은 가족원이 마치 '너의 일은 모두 나의 일'이라는 태도를 가진다.

(분리되어 있지 않은) 밀착된 가족은 신체적, 정신적 독립성과 개별성을 허용하지 않으며 모든 가족원들은 하나의 단위로서 다 함께 똑같이 생각하고 느껴야 된다고 생각하는 경향이 있다. 이처럼 경계가 분리되어 있지 않고 밀착된 경우, 다른 가족의 긴장과 불안이 약한 자아를 가지고 있는 가족원에게 그대로 전달되기 때문에 융합상태가 지속되면 청년시기에 정신분열이 발현될 수도 있다.

(3) 분명한 경계(분화)

가장 기능적인 가족은 분명한 경계선이 있으면서도 유연한 가족이다. 분명한 경계를 가지고 있는 가족원들은 '우리'라는 집단의식

가족치료관점에서 본 성경의 가족이야기

과 함께 '나 자신'의 감정을 잃지 않는다. 그래서 서로가 필요로 할 때는 가까운 관계를 유지하면서도 개인이 존중되어야 할 때는 어느 정도 거리를 유지할 수 있는 탄력성과 융통성을 가진다. 가족원들은 서로 간에 적당한 거리를 가지고 있으면서도 각자 독립적일 수 있으며, 대등하게 관계할 수 있다.

분명한 경계는 안정되어 있으면서도 융통성이 있다. 이러한 구조에서는 지지, 돌봄, 자율, 개별화 등이 균형을 이루고 있다. 분명한 경계를 가지고 있는 가족에서는 하위체계들이 협상할 수 있으며, 가족들이 당면하는 상황적이고 발달적인 변화에 적응할 수 있다. 뿐만 아니라 가족에서 의사소통 기회가 자주 있으며, 변화를 위해 서로 협상하고 적응하여 가족의 안정을 유지한다. 부모와 자녀들은 가족 체계에 속해 있으면서 독립성을 가지고 있다.

이와 같이 가족 구조 내의 경계선이 심하게 밀착되어 있거나 경직되어 있어서 분명하지 않고 애매하고 혼돈된 경계선을 가지고 있을 때 가족의 건강성은 위협받게 된다. 따라서 가족의 경계는 가족원들의 상황과 가족의 발달주기와 자녀들의 성장에 따라 변화가 필요한 데, 부적절하고 경직된 경계선은 개방적으로 조정이 필요할 때가 있고, 너무 밀착된 경계가 있는 가족은 거리를 둘 때가 있는 것이다. 즉 가족의 경계는 분명하면서도, 상황에 따라 약간의 융통성은 필요하다.

앞에서 언급한 가족의 하위체계 개념과 경계는 연관성이 있다. 따라서 하위체계와 경계는 서로 균형을 이루어야 한다. 가족이 적절한 역할과 기능을 충실히 수행하기 위해서 각 하위체계는 분명한 경계를 가지고 있어야 한다. 이런 경계를 가진 가족은 가족원들이 다른 가족원들의 방해를 받지 않고 자신의 고유한 특성을 유지하면서도 돌봄이 필요할 때는 돌봄을 받고, 혼자만의 시간이 필요할 때는 존중을 받고, 소통이 필요할 때는 소통하며, 협상이 필요할 때는 협상한다.

가족의 경계선은 어느 날 갑자기 정해지는 것이 아니라 가족원 간의 지속적인 상호작용의 결과로 그 범주가 정해지는데, 여기에서 제일 중요한 요소가 부모의 분화수준과 인격적인 태도다. 이 부분에 대해서는 뒤에서 자세히 설명할 것이다.

06 분화가 잘되어 있는 가족

　앞에서 가족의 경계선에 대하여 설명했는데, 가족의 경계선이 분명한 경우, 분화가 잘되어 있는 편이다. 보웬(Murray Bowen: 1913-1990)은 인간의 자아 속에는 감정과 지성이 서로 분리되어 있다고 보고 감정과 사고가 뚜렷하게 구분된 사람을 자아의 분화정도가 높다고 말한다.[16] 자아분화란 아이가 어머니의 융합에서 서서히 벗어나 자기 자신의 정서적 자주성을 향해 나아가는 장기적 과정을 의미하는 용어다.

　분화가 잘되었다는 것은 부모의 사고와 정서에서 자신을 분리시킬 수 있는 능력을 가지고 있으며, 심각한 위기 상황에서도 흔들리지 않는 사고를 바탕으로 정서적 안정을 이룰 수 있는 능력을 가지

16) 보웬은 미국 테네시에서 화목한 대가족의 장남으로 태어났으며 의과대학을 졸업하고 정신병리학에 관심을 가졌다. 보웬은 정신분석적 접근법과 체계론적 관점을 연결시켰으며, 가족 치료에서는 이 점이 높이 평가받고 있다. 보웬은 융합과 분화의 개념을 근거로 개인들이 원가족과의 관계에서 미해결된 정서적 애착으로부터 벗어나는 것이 성숙과 자아 성취의 과정이라고 주장하였다. 그는 가족투사 과정이 어떻게 일어나는 지 설명하였고, 다른 가족원의 정서적인 문제와 자신을 분화할 수 있고 합리적인 원칙을 적용할 수 있는 정서적 기능과 지적 기능을 분화개념으로 설명하였다.

고 있는 것을 의미한다. 즉 개인이 가정으로부터 개성화되어 있는 정도가 그 사람의 분화수준이다. 분화가 잘되어 있으면 다른 사람과의 연결을 유지하면서도 자신이 독립된 개체로서 통합을 유지할 수 있다. 뚜렷한 개인적 신념과 의견을 가지고 있으며, 관계체계를 중시하면서도 독립적인 활동을 할 수 있다. 또한 스트레스를 받고 있는 기간에도 완전하지는 않지만 상당한 자율성을 가지며, 주위 사람의 정서에 의해 큰 영향을 받지 않는다.

가족 간에 분화가 안 된 경우, 그 가족은 가족 자아 덩어리(family ego mass) 즉 가족들이 정서적으로 융합된 상태로 있어서 서로의 생각과 감정에 심각한 지배를 받는다. 개인 자아가 가족 자아 덩어리에서 분화될수록 융통성이 많고 생활의 스트레스에 잘 대처한다. 반면에 자아의식이 없거나, 있어도 개인적인 정체감이 약하거나 불안정한 정도(미분화의 정도)가 심할수록 자기 자신의 사고와 감정이 발달하지 않고 가족의 감정에 지배되는 생활을 하게 된다.

자아 분화 수준이 낮은 사람은 지성이 정서에 지배되기 때문에 객관적인 사고를 하기가 어렵다. 관계에서도 자신의 것을 주장하지 못하고 체제를 유지하는 데 모든 에너지를 낭비한다. 또한 자아에 대한 개념이 분명하지 않기 때문에 스트레스 상황에서는 쉽게 자신의 신념을 포기한다.
보웬은 가족문제의 대부분은 가족원이 자신의 원가족에서 심리적으로 분화되지 못하는 데서 기인한다고 보았다. 부부관계에서는 원가족의 부모 문제에 강하게 휘말려 있으면 부부관계가 악화되는 경우가 많다. 이런 경우 부모는 원가족의 자아집합체 또는 정서체계의 일부인 셈이다. 그러므로 **치료목표는 가족원을 이러한 자아집합체로부터 분리시켜 독립하여 자율적으로 기능할 수 있도록 돕는 것이다.**

자아분화의 수준이 높은 부부일수록 원만한 부부관계를 유지하며 결혼생활에 대한 만족도가 높은 반면, 자아분화 수준이 낮은 부부일수록 상호 얽힘이 많아 부부간의 갈등, 의심, 우울, 불안 등 여러 가지 역기능적 행동과 정신적 장애가 많이 나타난다.

상담자 또는 부모가 불안의 심리적인 원인이 무엇이며, 미분화가 가족원들에게 어떤 영향을 끼치고 있는지 분명히 이해하고 있을 때 잘 도울 수 있다.

다음의 상담 사례를 살펴보자.

30대 후반 남성이 자신에게 불만이 너무 많아 자신의 행동이 마음에 들지 않아 견딜 수 없어 상담을 의뢰하였다. 이 남성은 상대방이 강하게 나오면 순간 정신이 아득해지면서 자신이 잘못한 것이 없어도 잘못했다고 물러서곤 하였다. 그렇게 상황을 모면하지만 시간이 지나고 나면 억울하고 분한 마음을 가진 채 며칠씩 그 상황이 생각나면서 견딜 수 없는 분노가 치밀어 오르는 것이다. 그는 사람들과 불편한 관계를 만드는 것이 너무 힘들기 때문에 다른 사람들도 자신이 그랬던 것처럼 대충 넘어가 주었으면 하고 바라는 마음이 컸다. 그러나 사람들은 사사건건 시시비비를 가리니 그럴 때마다 '나는 그냥 넘어가 주었는데 너는 왜 그래….'하면서 섭섭한 마음이 들었다.

그는 알코올중독자인 아버지 때문에 어린 시절부터 심리적으로 위축되어 성장해 왔으며, 이 가정은 문제 있는 아버지에게 온 가족의 관심이 집중되는 전형적으로 밀착의 가족구조를 가지고 있었다. 그래서 자신의 감정은 철저히 억압되었고 집안의 이야기는 비밀에 부쳐져야 했으며 약한 아버지 탓에 어머니는 생활력 강한 남성 같은 여성이 되었다. 어머니는 생존을 위한 생활력이 강하고 지혜가 많았지만 자녀들을 강하게 통제하면서 자신의 불안을 숨기며 사셨다.

엄마는 아버지에 대한 불만과 불안심리로 자녀들을 강하게 통제하며 조종하는 태도를 보여주었다. 그는 누구와도 자신의 마음을 나누지 않았고 철저히 외부와 단절된 채로 살았다(밀착가족원들은 나중에 커서 가족이나 가까운 사람으로부터 멀어지려는 경향성을 많이 보인다).

그는 알코올 중독자인 아버지 때문에 자신뿐 아니라 집안 전체에 대하여 수치심을 가지고 살았다. 또 경제적으로도 부유하지 못했기에 중고등학교를 마칠 수 없을 것 같은 불안을 항상 안고 살았으며 스스로 삶을 개척해 공업고등학교에 가서는 장학금을 받으며 홀로 살 길을 찾았다.

이 남성은 연약한 자아를 가지고 있으며 불안이 많고 자아분화 수준이 너무 낮은 것이 문제였다. 그래서 자신의 감정이나 원함이 무엇인지 모른 채 살아왔으며, 불안한 마음을 억압하고 살아왔다. 상담자의 도움으로 자신의 감정과 만나게 되자 그의 핵심 감정에 깊이 접촉할 수 있게 되었다.

그는 '가정에 문제가 있는 것은 전부 나 때문이야, 내가 잘못해서 이런 일이 생기는 거야.'라는 그릇된 신념을 가지고 있었다. 그래서 갈등이 생길 때마다 자신을 괴롭히고 있었다. 항상 불안 속에서 살아왔으므로 자신이 통제할 수 없는 일이 생기면 자동적으로 극도로 긴장하고 그런 상황에 대해서 무기력감을 느끼게 된 것이다.

결국 불안심리를 잘 극복하도록 돕고 가족의 문제를 자신의 것으로 생각하는 미분화심리를 이해하고 분화의 과정을 잘 이룰 수 있도록 돕자 심리적으로 안정감을 가지게 되었다.

이처럼 불안심리를 가지고 있는 사람을 돕기 위해서는 불안의 메커니즘에 대해 알고 있어야 한다. 불안이란 현실에 근거하지 않고 미래 어느 날 겪을지도 모르는 상처와 고통들, 즉 상실, 난처함, 괴로움, 불편함, 장래에 대한 두려움, 죽음에 대한 공포를 크게 느끼는 것이다. 불안한 마음은 인간이면 누구나 다 가지고 있지만 이러한 불안이 성격이 되어버리면 만성적으로 불안을 가지게 된다. 만성적인 불안은 신경쇠약을 가져와 신체적으로 무기력하고 피곤하게 만들며 더불어 우울증이 동반되기도 하고 정신과 몸도 점점 쇠약해진다.

인간은 누구나 실존적 불안을 느끼며 산다. 불안을 느끼는 것은 누구나 경험하는 보편적인 현상이고, 임박한 상황에 대처하는 데 유용한 반응일 수 있다. 불안은 항상 부정적인 영향만을 주는 것은 아니며, 적절하게 유지될 경우에는 학습과 수행에 긍정적인 영향을 미친다.

문제는 불안이 일상생활을 하기 어려울 정도로 심한 경우다. 이런 것을 불안장애라고 부르는데 불안장애는 갑자기 감당할 수 없을 정도로 강렬한 불안을 경험하며, 미칠 것 같거나 죽을 것 같은 불안감에 압도되기도 한다. 특별한 자극이나 대상이 없는데도 만성적으로 항상 불안과 걱정에 시달리면서 지내기도 하고 신체적으로 긴장되거나 뻣뻣해지는 증상을 호소하기도 한다.

결국 불안이 정상적인 것인지의 여부는, 우선 불안이 현실적으로 납득할 만한 반응이냐 하는 것과 그 정도가 적절하냐에 달려 있다. 실제로 위험한 상황이라면 불안을 느끼는 것이 당연하다. 그 다음은 불안에 대처하는 개인의 능력이다. 불안으로 인해서 그 사람이 얼마나 지장을 받는지에 따라 그 불안이 정상적인 불안이 될 수도 있고 비정상적인 불안이 될 수도 있다. 이것은 마치, 같은 망치로 똑같은 힘을 가해도 받침대가 단단하면 부서지지 않지만 받침대가 엉성하면 쉽게 부서지는 이치와 같은 것이다.

보웬은 부모가 자신의 불안을 없애기 위해서 가장 연약한 자녀에게 자신의 불안을 투사하고 융합함으로써 불안을 느끼지 않으려고 하며, 이것은 불안이 해결된 것이 아니기 때문에 세대에서 다음 세대로 계속 이어진다고 하였다. 즉 부모가 자녀와 융합하려는 것은 부모가 심리적으로 불안하기 때문이다. 그래서 **분화수준을 높이기 위해서는 부모의 불안을 감소시키는 것부터 시작해야 한다.**

이를 해결하기 위해 자아분화수준이 높은 상담자는 불안한 가족 내의 삼각관계에 들어가서 그들의 원가족과 좋은 정서적 접촉을 하면서, 가족 자아 덩어리에서 개인을 가족원으로 부터 분리하고 독립시켜 나가도록 돕는다. 분리하는 과정에서 개인의 자아정체감이 견고해지도록 돕고, 약한 자아와 불안한 심리로 인해 자기충동적이며 감정적인 대응 방식을 이성적이고 합리적인 방식으로 해결해나가도록 돕는다. 이러한 방식이 내면화되면 가족의 사고와 행동에서 자유로워질 수 있는 힘을 가지게 되어 서서히 자율성이 증대하며 분화가 이루어질 수 있게 된다.

체계론적 관점은 하나가 변하면 다른 것도 변한다고 믿는다. 따라서 가족원 중에서 심리적으로 가장 건강한 사람의 불안을 해결해줄 때, 그 한 사람의 변화가 다른 가족에게 영향을 주므로, 한 사람의 불안 감소는 가족의 분화수준을 높일 수 있는 계기가 될 수 있다.

07 상호 존중하는 가족

건강한 가족은 가족원들이 서로 존중하는 관계를 가지고 있다. 건강한 가족들은 다른 사람의 눈치를 보지 않고, 자기 자신만의 생각과 감정, 기대를 표현할 줄 안다. 긍정적인 감정을 더 많이 나눌 뿐 아니라 부정적인 감정이나 상처받은 느낌, 분노도 자유롭게 나눌 수 있다.

생애 초기에 자녀가 부모에게 존중을 받고 자라면 건강하고 긍정적인 자아존중감이 형성된다. 자아존중감이 형성된 사람은 자신을 사랑하고 감사를 느끼며, 삶의 에너지가 많고 긍정적인 힘을 바탕으로 현재 주어진 상황을 더욱 창조적이며 현실에 맞게 잘 극복할 수 있게 된다.

그러나 부모가 자녀를 존중하지 않고 자신이 원하는 대로 자녀에게 강요하면 자아존중감은 잘 형성되지 않는다. 부모의 부정적인 분위기와 말, 그리고 태도는 자녀의 자아존중감을 손상시킨다.

가족치료의 어머니로 불리는 사티어(Virginia Satir: 1916-1988)는 개인의 낮은 자아존중감을 회복시켜 자신의 가치를 인정하고, 장점과 자원을 발견하고 활용하도록 도와 스스로 문제 상황에 잘 대처할 수 있도록 해야 한다고 하였다.[17]

가족이 서로 존중하는 문화가 형성되려면 부모가 먼저 인간은 독립된 인격체로 지음 받았으며 각자의 독특성과 고유성이 있음을 인정해야 한다. 하나님은 인간에게 자유의지를 허락하셨고 하나님과 인격적인 관계를 맺을 수 있는 존재로 만드셨다. 그리고 우리의 인격을 존중하셨다.

하나님이 우리의 인격을 존중하듯이 우리도 자녀들을 똑같이 존중하고 사랑해야 한다. 무엇보다 다른 아이와 비교해서는 안 된다. 아이는 비교를 당하는 순간부터 자신감과 능력을 잃어버린다. 하나님은 우리가 서로 다른 개성과 재능, 역할을 갖도록 만드셨다. 우리 아이들은 모두다 이 땅에 태어날 때 한 가지 이상의 능력을 부여받고 태어난다. 그러므로 부모는 자녀가 자신의 길을 걸어가며 자신의 능력을 개발하여 하나님의 사람으로 가치 있는 인생을 살아가도록 도와주어야 한다.

---

17) 사티어는 자아존중감을 높이고 자기 인생에 대한 선택권을 갖도록 돕는 개인의 성장을 최대의 목표로 삼았다. 이러한 목표를 달성하기 위해서 가족이 서로 협력하는 과정과 기술을 강화하도록 도우면서 개인의 낮은 자존감을 회복시켜 자신의 가치를 인정할 수 있는 감정과 자원을 발전하도록 돕는 과정을 강조하였다. 사티어의 이론은 경험적 가족치료 또는 사티어의 가족치료로 불리고 있다.

또한 우리의 존재 가치를 소유나 외모 등에서 찾는 것이 아니라 하나님과의 관계 속에서 확인해야 한다. 하나님이 나를 위해 독생자를 버리실 정도로 나는 소중하고 놀랍고 아름다운 존재이다.

저자는 어릴 때 마음껏 공부하지 못했기 때문에 지성 및 학력 콤플렉스가 많아서 스스로를 열등하게 여겼다. 그러나 하나님께서 '내가 너를 사랑한 것처럼 모든 영혼을 사랑하라' 하셨기에 영혼을 사랑하기 위해 공부했고 이 과정에서 자연스럽게 열등감을 극복하게 되었다. 교회와 영혼을 돕기 위해 열심히 성경과 신학을 공부하였을 뿐만 아니라 사람을 이해하고 돕기 위해 심리치료나 상담목회, 가정사역 등을 전공하면서 내면의 치유와 회복을 경험하였다. 그렇게 자신감과 성취감을 맛보며 계속 노력하다보니 어느 순간에 학력 및 지식 콤플렉스가 마음속에서 사라지게 되었다. 이제는 이 분야에서 영향력을 미칠 수 있는 수준에 까지 이르게 되는 축복을 누리고 있다.

진정한 사랑은 어떤 조건에 근거해서 사랑하는 것이 아니라 대상의 인격과 자유의지를 존중하는 것에서 출발한다. 사람을 존중하며 독립된 인격체로 대하는 사람은 그를 소유하기 위해 사랑하거나 관계하지 않는다.

인간을 존중하지 않는 비인격적인 사랑은 다음과 같은 특징이 있다.

첫째, 사랑하면 상대방을 내 것이라 여기고 소유해도 된다고 생
각한다. 일반적으로 '나는 너를 사랑해'란 말은 '나는 너를
소유하고 싶어.' '너는 내거야'라는 의미를 가지고 있다. 그
래서 '너는 내가 주는 사랑만 받고 내 통제 속에서만 살아'
하는 강한 지배욕을 드러내게 되는 것이다. 이러한 관계가
부모-자녀 사이에는 '마마보이, 파파걸'로 나타난다.

둘째, 사랑하기 때문에 상대방을 내 맘대로 조종하고 싶어 한다.
'네 삶의 방향을 내가 정해 줄게. 내가 너를 사랑하니까, 내
가 원하는 대로 살아.' 이렇게 접근하는 태도는 지배하는
것이지 사랑하는 것이 아니다. 지배적인 사랑은 사랑을 가
장한 조종이다.

비인격적인 태도로 자녀를 대하는 부모는 자녀의 은사나 특성
은 무시한다. 그리고 자녀가 부모의 기대대로 살아주기를 바라며
조종한다.

참으로 안타까운 사실은 부모로부터 존중을 받지 못하고 성장한
사람은 자기 자신 뿐 아니라 다른 사람을 존중하는 것이 무엇인지

잘 모르는 경우가 많다는 사실이다. 그러므로 가족원 각자가 상호 존중하는 인격적인 관계를 하기 위해서는 기본적으로 대화방식에서부터 서로 수용하고 존중하는 연습이 필요하다. 그리고 건강한 사람은 다른 사람이 사랑이라는 미명으로 자신을 소유하고 조종하려 할 때 소신을 가지고 "그렇게 비인격적으로 대하지 말아주세요."라고 부드럽게 말할 수 있는 힘을 키워야 한다.

가족관계에서 상대방의 감정과 기분을 수용하고 존중해 주는 것은 굉장히 중요한 일이다. 상대방에게 기분 나쁘게 할 의도가 없었다 하더라도 상대방이 기분 나빠하면 그것을 수용하고 품어주는 것이 상대의 감정에 책임을 져 주는 것이다.

이때 조심해야 할 것은 무조건 자기 기분을 알아달라고 요구하는 것이다. 때로 상대방이 인정하지 못할 수도 있음을 염두에 두면서 나의 요구를 유보하기도 해야 한다. 이것이 진정한 의미에서의 상호 존중의 관계이다.

존중을 무기 삼아 상대방이 자신의 감정을 책임지라고 강압적으로 요구할 때 받아주면, 그것은 상대방을 해치는 것이다. 이럴 때는 부드러움과 확고함으로 그를 설득하고 때로는 그와 맞서서 성숙해질 수 있도록 깨우침을 주어야 한다.

건강한 가족은 부모도 자녀를 존중하지만, 자녀도 부모를 존경하며 존중하는 가족이다. 그러므로 상호 간에 인격적으로 존중하는 태도를 가져야 한다. 부모는 자녀를 양육하거나 훈계할 때 그를 노엽게 하지 말고 하나님께서 우리의 인격을 존중하신 것처럼 자녀가 말을 안 들어도 인격적으로 양육해야 한다(엡 6:1-4). 자녀 또한 하나님께서 인간에게 주신 첫 번째 계명이 부모에게 순종하라는 것임을 알고 부모가 맘에 안 들어도 존경하고 순종해야 한다.

이러한 상호 존중이 이루어지려면 부모가 먼저 자녀를 존중하고, 자신이 말한 대로 사는 인격적인 모습을 보여주어야 한다. 만약 말한 대로 살지 못하는 경우, 숨기지 말고 자신의 연약함을 인정하고 다시 노력해보겠다고 솔직히 수용하면 된다. 자녀의 의견을 받아주는 자세도 가지고 있어야 한다.

자녀는 부모의 삶이 존경스러울 때 그 모습을 닮아가며 부모가 자신을 존중하는 것을 학습하게 된다. 부모의 존중을 받은 자녀는 부모를 존중할 뿐 아니라 자신도 존중하고, 더 나아가 다른 사람들을 존중하는 태도를 습득하게 된다.

08 의사소통이 잘되는 가족

    사티어는 사람들이 존중받지 못한 경우 보여주는 의사소통 및 대처유형을 유심히 관찰한 결과, 긴장을 처리하는 방식에 공통점이 있음을 발견하였다. 그리고 부적절한 대화 방식을 회유형, 비난형, 초이성형, 산만형으로 명명하였다.[18]

    회유형(굴복형)은 자신의 내적 감정이나 생각을 무시하고 타인의 비위에 맞추려는 성향을 말한다. 따라서 다른 사람의 의견에 무조건 동조하고 비굴한 자세를 취하며, 사죄와 변명을 하는 등 지나치게 착한 행동을 보인다. 신체적으로는 위장 장애나 편두통 등의 질병을 호소할 수 있다. 심리적 증상으로는 감정 억압, 짜증, 걱정, 공황, 자살사고가 있다. 이들의 자원은 돌봄, 양육과 민감성이다.

    비난형(통제형)은 타인을 무시하는 성향을 보인다. 타인의 말이나

---

18) 대부분의 가족치료자들이 적절한 의사소통을 중요한 요소로 꼽고 있다. 여기에서는 사티어의 개념을 설명하고 있지만 이 외에도 이중구속언어(double bind message) 금지, 부정적 의사소통방식 수정하기, 서로 다르거나 은폐된 의사소통 연쇄방식 밝히기 등이 있다.

행동을 비난하고 통제하며 명령한다. 외적으로 보이는 행동은 공격적이나 내적으로는 소외감을 느끼며 외로운 실패자라고 생각한다. 이들은 편집증과 고혈압과 같은 혈액순환 장애를 보일 수 있으며 분노, 짜증, 반항, 적대감, 편집증, 폭력, 반사회적 경향성을 나타내기도 한다. 자원은 주장성, 지도력과 에너지다.

초이성형(상황중시형)은 자신과 타인을 모두 무시하고 상황만을 중시한다. 규칙과 옳은 것만을 절대시하는 극단적인 객관성을 보인다. 매우 완고하고 냉담한 자세를 취하고 독재적인 행동을 하지만 내적으로는 쉽게 상처받으며 소외감을 느낀다. 이들은 암, 심장마비와 같은 질병이 발생할 수 있고 우울증, 정신병, 집착증, 강박증, 사회적 철회, 공감 부족을 보일 수 있다. 자원은 지성, 세부사항에 주의를 집중하는 것과 문제해결능력이다.

산만형(혼란형)은 자신, 타인, 상황을 모두 무시한다. 상담에서 심리적으로 접촉하기가 가장 어려운 유형이다. 정서적으로 혼란된 심리 상태를 보이며, 신경성 장애, 위장 장애, 편두통 등의 질병을 보일 수 있다. 또한 혼란스러움, 부적절함, 낮은 충동 통제, 우울증, 공감력 결핍, 타인의 권리침해, 학습불능의 특징을 나타낸다. 자원은 유머, 자발성과 창조성이다.

이러한 역기능적인 의사소통과 달리 일치형 의사소통은 자신을 존중하면서도 타인과 상황 모두를 고려하는 소통방식이다. 사티어는 자아존중감을 높이기 위해서 사람들이 일치적인 의사소통을 하도록 도와 자기가치 수준을 향상시켜야 한다고 하였다.

일치형은 의사소통의 내용과 내적 감정이 일치하며, 매우 생동감 있고 창조적이며 독특하고 유능한 행동 양식을 보인다. 자기 가치감을 갖고 있으며, 심리적 신체적으로 건강한 상태에 있다. 자원은 높은 자아존중감이다.

가족 안에서 서로 소통이 잘되기 위해서는 판단하거나 비난하는 자세를 버리고 수용과 공감의 자세로 대화하는 법을 익혀야 한다. 판단하지 않고 대화하면 전달하는 메시지도 분명해지고, 관계는 온전하게 유지된다. 또한 협상하고 이야기할 수 있도록 소통의 길을 열어놓는다.

어떤 말이든 수용하는 소통은 상대방을 자기 마음대로 움직이고 통제하려고 하지 않는다. 누구나 자신의 관점, 생각, 의견, 감정 등을 표현하고 자기 방식대로 행동하도록 허용한다. 수용하는 소통을 하려면 상대방을 강요하거나 통제하려고 하지 않으며, 상대방이 요구하지 않는 한 조언하지 않는다. 또한 상대방의 행동에 흠을

잡거나 비난하지 않는다. 이러한 수용적 태도는 자신의 생각, 욕구, 감정 등을 마음껏 드러낼 수 있도록 허용하기 때문에 자율성과 독립성이 커진다.

저자는 수용과 공감의 자세를 키우는 대화법으로 심정대화를 추천하고자 한다.[19] 심정대화는 상대방의 심정을 알아주는 대화로써 심정을 이해해주고 공감해주는 자체만으로도 문제의 반은 해결될 수 있다는 가능성을 생각하면서 마음으로 하는 대화이다. 심정대화의 능력과 기술이 있으면 진정한 인간관계를 할 수 있으며, 만남 속에 치유가 일어나고, 오해와 갈등이 풀어지고, 관계의 시너지가 발생하고, 진정한 만남이 이루어져서 사랑의 풍성함이 있게 된다. 이러한 대화가 부모와 자녀 사이, 부부 사이에 가족 간에 오고 간다면 행복하고 건강한 가정이 세워질 수 있을 것이다.

심정대화를 하기 위해서는 무엇보다 먼저 내 말을 하려는 마음을 버리고, 들어주겠다는 자세, 상대방의 말이 옳든 그르든 상관없이 자기 자신만의 논리와 감정을 가질 수 있는 권리가 있음을 인정

---

19) 상대방의 메시지에 공감하는 반응을 보이는 것은 건강한 의사소통의 본질이다. 공감이란 '즐거워하는 자들로 함께 즐거워하고 우는 자들로 함께 우는 것(롬 12:15)'으로 말하는 사람과 듣는 사람이 같은 수준에서 느끼는 것을 의미한다. 즉 상대방의 눈으로 보고, 그가 느끼는 대로 느끼며, 그 사람 속으로 들어가 그의 생각이나 말하는 구조로 세계를 보는 것이 바로 공감이다. 이처럼 공감은 상대방을 깊이 이해하고 강한 유대감을 가지고 소통하는 것이다. 상대방의 말에 공감하는 반응을 보이면 상대방은 평온한 감정이든 위급한 감정이든 마음껏 드러낼 수 있는 심리적 안정감을 준다.

가족치료관점에서 본 성경의 가족이야기

하는 자세가 필요하다.

심정대화 방법은, 먼저 말을 듣는 사람은 상대방이 한 말을 그가 한 언어를 사용해가면서 요약, 정리한 후, 그 말 속에 숨겨진 감정을 읽어주는 것이다(심정대화 방법에 대해서는 저자가 쓴 『의사소통훈련』(다세움)을 참고하면 도움이 될 것이다).

다음은 일반적인 대화방법이다.
친구 생일 파티에 다녀오느라고 시험공부를 미처 하지 못한 자녀가 엄마와 대화를 나누는 장면이다.

딸 : "엄마, 오늘 친구 생일 파티 갔다 왔는데, 맛있는 거 많더라! 나도 생일 때 맛있는 거 해 주세요."
엄마 : "뭐라구? 너 지금 제 정신이니? 시험이 얼마 남지 않았는데 생일파티에 갔다 오다니……. 참 한심하다 한심해. 네가 시험공부 알아서 하겠다고 해서 가만 놔뒀더니 이게 알아서 하는 거냐? 네가 공부를 잘해야 생일파티도 하는 거지. 넌 어쩜 그렇게 생각이 없니?"
딸 : "내가 뭘 잘못했다고 그래? 친구 엄마는 생일 파티도 잘해주는데 엄마는 나한테 그것도 못해줘? 엄마가 나한테 해 준 게 뭔데?"

엄마 : "뭐라구? 어디서 엄마한테 말대꾸야. 네가 공부만 잘했으
면 내가 이런 말 하겠니? 시끄러워. 공부나 해."
딸 : "알았어요! 하면 될 거 아니예요!"

위의 일반적인 대화를 심정대화로 바꾸면 다음과 같이 3단계로
나눌 수 있다.

① 요약하기(20%)
메시지의 내용을 정확하게 압축해서 반사하는 것으로써 화자의
말을 약간 사용해 가면서 자신이 이해한 말로 정리하여 재진술하
는 것이다.

적용 연습: "친구 생일 파티에 갔는데 맛있는 음식이 많았다구?"

② 상대방의 심정 알아주기(70%)
상대방의 말을 요약한 후에 상대방의 심정이 어떠했는지 그 사
람의 입장에서 상상해보고 그것을 말로 표현해 주는 것이다. 이러
한 표현은 단순한 동의 정도가 아니라 상대방의 메시지가 그 자체
로서 논리가 있음을 인정하는 것이며 그 사람과 내가 마음으로 하
나가 될 수 있는 가능성을 열어주는 것이다.

> 적용 연습: "그 모습이 부럽기도 하고 무척 좋아보였구나. 그래서
> 엄마한테 미리 부탁하는 거구나. 생일잔치가 그렇게
> 좋았어? 목소리가 아주 업 됐는 걸, 우리 딸!"

③ 내 심정 전달하기(10%)

상대방의 이야기에 깊이 공감하면서도 나의 진솔한 심정을 직접적으로 전달하는 것이다. "당신의 이야기를 듣고 당신의 ~한 느낌이 전해지면서 내 마음은 이러했습니다."라고 나의 심정을 전달한다.

> 적용 연습: "알았다. 이제 곧 시험인데 기분 좋게 공부 열심히 하
> 렴. 생일 때 멋지게 차려주마."

자녀가 부모에게 속이 상했거나 억울한 일 등이 있을 때는 위의 심정 대화 원칙에 따라 이야기 해보라. 그러면 자녀의 마음이 치유가 되고 자신의 마음을 이해해주는 부모로 인해 자긍심이 높아지게 될 것이다.

이러한 대화방식은 말하는 사람은 자신의 생각이나 감정을 편하게 이야기할 수 있게 되고, 듣는 사람은 말하는 사람의 감정도 알아주는 소통방식이 되므로 서로 수용하고 존중하는 관계를 이어주는데 가장 효과적인 대화방식이 될 수 있다.

09 기능이 잘되는 가족

　가족의 문제나 병리적 증상은 역기능적 가족구조에 의해 유지되기 때문에 건강한 가족을 이루기 위해서는 역기능적인 가족 체계를 기능적인 구조로 변화시키기 위해 노력해야 한다.[20] 가족이 기능이 잘되고 있을 때 가족원은 그 가족 안에서 건강하게 성장할 수 있지만 그렇지 못할 때 여러 문제를 가지고 살아갈 수밖에 없다. 기능이 제대로 안 되는 가족을 역기능 가족이라고 하는데 역기능 가족이란 원만한 가족생활을 유지하지 못하는 가족을 뜻한다.

　역기능 가족은 대표적으로 알코올 중독, 일 중독, 도박 중독이 있는 가족, 배우자와 자녀를 돌보지 않는 가족, 이혼했거나 재혼한 가족, 편부나 편모로 이뤄진 가족, 지나친 율법주의 생활을 하는 가족, 편집증 배우자가 있는 가족, 학대하는 부모가 있는 가족, 성 폭력, 언어폭력이 있는 가족, 방치하는 가족, 경제적으로 어려운 가족 등이 이에 해당된다.

20) 구조적 가족치료가와 전략적 가족치료가는 가족의 구조와 기능에 대해서 주장하는 내용과 방법이 다르다.

이 외에도 부부관계보다 자녀와 더 밀착한 가족, 대화나 말이 없는 가족, 말이나 분위기가 긍정보다 부정이 많은 가족 등도 역기능 가족에 속한다. 일반적으로 역기능 가족이 기능적인 가족보다 훨씬 많으며, 한국에서는 약 80-85% 정도를 역기능가족으로 본다.

구조적 가족치료에서는 가족의 구조를 체계론적 관점과 경계선을 중심으로 건강한 가족 구조를 설명한다. 그러나 전략적 가족치료가들은 다른 입장을 취한다. 전략적 가족치료는 크게 MRI 단기 치료모델, 헤일리의 전략적 구조주의 모델, 밀란의 체계 모델의 세 가지가 있다. 이들은 모두 베이트슨의 순환적 인식론에 영향을 받았으며 MRI(Mental Research Institute: 정신건강연구소)에서 탄생하였지만 핵심개념과 개입방식에서 차이가 있다.

MRI 모델은 정상성 기준에 대해 반대하며 "내담자가 불만을 표시하지 않는 한 내담자가 반응하는 방식과 관계방식을 문제로 보지 않는다."고 하였다.

파라졸리(Mara Palazzoli) 외 3명으로 구성된 밀란(Miian)학파는 체계론적 관점을 받아들여 구조적 관점과 기능적 관점을 동시에 활용하였다. 이 학파는 정상성에 대해 중립적 입장을 유지하면서도 가족을 정상 또는 비정상가족으로 구분하거나 규범화하지 않았다. 다만 역기능적 가족일수록 가족이 경직되어 있으며, 의사소통의 규칙이 불일치가 심하다고 하였다. 내담자 가족들에게 자신을 점검하는 데 도움이 되는 질문과 숨겨진 힘의 게임을 노출시키는 질문기법을 주로 사용하였다.

전략적 가족치료가인 헤일리(Jay Haley: 1923-2007)는 베이트슨(Gregory Bateson), 에릭슨(Milton Erickson), 그리고 미누친(Salvador Minuchin)으로 부터 이론과 기법을 배웠다. 헤일리는 위의 두 이론에 비해 건강한 가족 기능에 대한 가설을 세워 분명한 경계선과 세대 간의 위계질서를 가진 좀 더 기능적인 가족으로 재구조화하는 것을 목표로 삼았다. 또한 역설적 방법으로 환자들을 가르치기 위해 지시적인 방법을 활용하였다.

여기에서는 중독자 가족에게서 나타나는 성인 아이의 역기능적 특성을 중심으로, 가족치료에서의 개념도 함께 통합적으로 제시하고자 한다.

역기능 가족은 정서적으로 문제가 있는 가족에게 관심이 집중되어 있다.

가족원 중에 한 사람이 부정적인 정서를 가지고 있는 경우, 문제가 되는 그 가족원의 필요를 채워주다 보면 다른 가족들은 정서적으로 소모되고 탈진된다. 그러면서 가족원들이 함께 문제나 혼란을 통제하는 과정에서 동반의존이 생겨나 가족 전체가 심리적인 문제를 지닐 가능성이 높아진다. 동반의존은 중독자의 가족이 중독의 환경에서 갈등하면서 살아온 모든 배우자와 자녀들에게서 발견되는 '가족의 질병'이며 '세대적으로 전수'되는 특징을 가지고 있다.

동반의존이 되면 가족 전체에 그 영향을 미쳐서 부모가 자녀에게, 자녀가 부모에게 관계적으로 중독되는 현상을 보인다. 부모가 자녀에게 관계적으로 중독되는 경우, 자녀가 부모 인생의 목적이 되어 자녀들을 과보호한다. 그래서 자녀들을 통제하고 조종하게 되고 통제받는 자녀는 낮은 자존감에 사로잡히게 된다.

동반의존은 주로 중독자의 가족에게 생기는데 배우자가 동반의존이 되면 대체로 순교자, 박해자, 공모자, 술친구, 냉담의 특징을 보이며, 중독자의 자녀는 희생양, 마스코트, 영웅아이 등의 특성을 보이게 된다.

역기능 가족은 감정표현을 제한한다.

정서적으로 불안정한 한 사람에게 과도하게 집중되어 있는 가족은 다른 가족들이 감정을 표현할 수 있는 여유를 주지 않는다. 말로 하지는 않더라도 감정 표현을 제한하는 무언의 메시지가 있다. 이렇게 되면 아이는 "나의 감정은 중요하지 않아. 나의 감정은 아무런 상관이 없어. 나는 고통을 느낄 권리가 없어."라는 생각을 가지고 자신에 대하여 부정적이고 파괴적인 생각을 하게 된다.

역기능 가족은 명백한 문제가 있음에도 불구하고 공개적인 대화를 피한다.

건강한 정서적 환경에서는 갈등에 대해서 서로 말할 수 있으며 해결책이 제시될 수 있다. 상처받은 감정이 있으면 사랑의 보살핌으로 치유될 수 있다. 그러나 역기능 가족의 대화 스타일은 갈등을 회피하며, 서로 다른 의견에 양보가 없으며, 의사소통이 간접적이다. 구체적인 대화보다 눈치로 서로를 살피고 표현 능력도 부족하고 인격적 접촉이 없다. 역기능 가족은 그들의 문제를 부인하기 때문에 결코 문제가 해결되지 않는다.

역기능 가족은 가족원끼리 서로 거리감을 느끼거나 융합되어 있다.

역기능 가족의 구성원은 서로 정서적인 교류를 하지 않는다. 그래서 개인적 필요를 채우지 못하며, 마음 깊숙한 곳에서는 분노와 우울한 감정이 깔려있다. 그러면서도 미분화된 융합관계를 가지고 있어서 가족 서로의 영역이 구분되어 있지 않고 서로의 관계가 속박되어 있다. 개인은 가족을 위해 존재한다는 전제가 깔려있으며, 비밀이 많다.

역기능 가족은 수치심을 가지고 있다.

수치심은 온전한 인간으로서 살지 못하게 하고 교란시키는 내적 심리 상태의 원천이다. 우울증, 소외, 자기 회의, 소외감, 편집증, 정신 분열적 현상, 강박적 행위, 자기 분열, 완전주의, 뿌리 깊은 열등감, 부적응과 실패, 자기도취적 질환 등은 모두 수치심에서 비롯된다. 역기능 가족은 가족의 누군가가 문제를 가지고 있는데 이 문제를 가진 사람을 중심으로 가족이 움직이기 때문에 가족원은 대부분 수치심을 가지고 있다.

역기능 가족과 기능적 가족을 비교해보면 다음과 같다.

	역기능적 가족	기능적 가족
1	자신들의 문제나 가족의 문제를 부인한다.	개인이나 가족 안에 문제가 있을 때 그것을 부인하지 않고 솔직하게 인정한다.
2	가족원끼리 서로 거리감을 느낀다.	가족원이 적당한 거리와 친밀감을 가지고 있다.
3	가족의 영역이 구분되어 있지 않고 서로의 관계가 속박되어 있다.	부부와 자녀, 형제들 간의 영역이 구분되어 있으며, 개인의 영역도 존중받는다.
4	자신의 존재에 대해 수치심을 가지고 있다.	존재에 대한 수치심 대신 적절한 죄책감을 가지며, 잘못이나 실수를 성장의 기회가 되도록 한다.
5	개인적 필요를 채우지 못해서 분노와 우울한 감정이 깔려있다.	개인적 필요를 가능한 채워주지만, 채워주지 못할 때는 그 이유를 알려준다.
6	갈등을 피하고, 의견 차이에 양보가 없으며 의사소통이 간접적이다.	서로가 다르기 때문에 갈등이 있음을 인정하고 대화를 위해 시간을 낸다.
7	개인차가 존중되지 않고 개인은 가족을 위해 존재한다.	개인이 가족 때문에 희생당하지 않는다.
8	공개된 비밀에 대해 모르는 척한다.	비밀이 없으며, 사생활을 보호받는다.

가족은 가족원들이 가족에서 기본적인 욕구를 충족하며 성장하고 발전하도록 하는 고유한 기능을 갖고 있다. 가족은 공동생활체로서의 문화집단이고 대를 이어 문화를 전수하는 사회적 기능과 함께 가족원의 생리적, 안전, 소속과 애정, 자아실현과 같은 욕구 등을 충족시키는 기능을 한다. 그런데 가족이 역기능적이 되면 이러한 모든 것들에서 문제가 발생할 수밖에 없다.

가족이 적절히 기능하기 위해서는 효율적인 위계구조가 확립됨으로써 가족원들이 각자 적합한 위치에 있어야 한다. 즉 남편은 남편의 기능을, 아내는 아내의 기능을 잘 감당할 수 있어야 하며, 부모는 부모의 역할과 기능을, 자녀는 자녀의 역할과 기능을 감당해야 한다. 가족은 다른 어떤 사회집단보다 강하고, 상호 의존적이다. 그리고 가족은 자녀에게는 인격 형성과 사회화교육을 시켜주는 훈련장이며, 사회와 교량역할을 하는 집단이다.

또한 가족이 기능적이기 위해서는 부모와 자녀가 분화되어 있어야 하며, 자녀의 성장과 발달에 책임을 지는 부모 하위체계가 자녀 하위체계보다 위계구조의 위에 위치해야 한다.

유교적 전통이 강한 우리나라에서는 세대와 연령, 성에 따라 엄격한 위계구조를 확립할 것을 강조하여 왔다. 그러나 오늘날 성평등적 가치와 개인주의 문화의 확산에 따라 유교전통의 위계구조는 점차 효력을 잃어 가고 있다. 이러한 상황에서 가족 내 바람직한 위계구조에 대하여 가족원 간 합의가 이루어지지 않을 경우 가족은 혼란과 갈등을 경험할 수 있으므로, 부모를 중심으로 이에 대한 합의 작업이 필요하다.

10 합리적인 규칙과 훈계가 있는 가족

부모는 자라면서 자신의 부모에게서 배운 규칙을 현재의 가족에게 적용한다. 부모는 각기 다른 가정에서 태어나고 자라면서 그 가운데서 통용되어 온 규칙을 배웠고 그 규칙에 익숙해 있다. 그래서 현재 가족에서 자녀를 키울 때도 합리적이고 융통성 있게 규칙을 적용하기 보다는 원가족의 규칙을 현재 가족에 무비판적으로 적용하는 경우가 대부분이다. 가족이 합리적인 가족 규칙과 훈계의 원칙을 가지고 있을 때 가족원은 방향성을 가지고 살아감으로 모두 행복해질 수 있다.

가족 규칙 세우는 방법

부모가 비합리적이거나 경직되고 일방적인 규칙을 자녀들에게 강요할 때 자녀들은 건강하게 자라지 못하고 개인적 자아존중감 뿐 아니라 공적 자아존중감도 낮아지게 된다. 비합리적인 가족규칙을 따르게 되면 자아존중감이 낮아지는 이유는 이러한 가족규칙을 따르기 위해서는 개인의 어떤 부분이 무시되어야 하기 때문이다.

가족의 규칙이 합리적이고 상호 존중하는 분위기와 함께 상황에 따라 융통성있게 적용될 때 가족원들은 전인적 자아존중감이 높아져서 자신에 대한 가치감을 가질 뿐 아니라 가족에 대한 자부심도 커져서 공적 자아존중감도 높아질 수 있다.

공적 자아존중감(가족자아)은 개인적(또는 사적) 자아존중감과 달리 가족이나 집단에 대해 느끼는 자부심이나 가치감을 의미한다. 공적 자아존중감은 자기가 속해있는 집단에 대하여 자부심이 클 때 높아진다. 공적 자아존중감은 부모의 학벌, 지위, 경제력, 외모 등의 요인이 영향을 미치지만, 이러한 요인들이 부족하다 하더라도 부모가 합리적이고 높은 가치를 가지고 살 때 자녀는 개인적 자아존중감이 높아지고 가족에 대하여 느끼는 공적 자아존중감도 높아지게 된다. 그래서 가족 외의 환경에서도 활력과 생명력이 넘쳐나는 삶을 살 수 있게 된다.

그러나 공적 자아존중감이 낮으면 자기 가족에 대해 수치스럽게 생각하는데 이렇게 되면 내면 심리에 낮은 가치감과 낮은 자존감을 가지며 살게 된다.

따라서 가족규칙 중에서 개인과 가족의 역기능의 원인이 되며 성장에 방해가 되는 것은 수정되어야 한다. 가족규칙은 일종의 내적인 신념과 명령체계를 가지고 있어서 잘못된 규칙에 얽매이게 되면 비합리적이고 역기능적인 사고를 가지게 되어 삶에도 부정적인 영향을 미치게 된다.

합리적인 가족 규칙을 만들기 위해서 다음의 원리들을 참고하기 바란다.

첫째, 부모가 자신의 방식을 고집하지 않고 가족의 각 구성원이 처한 상황을 고려하여 서로 합의하여 정하도록 한다.
부모들이 서로 합의하여 규칙을 만들고 자녀들의 의견도 받아들이는 융통성을 발휘할 때 자녀들도 이러한 방식을 배우게 된다. 이렇게 되면 가족원들은 아주 작은 일에서부터 인생의 커다란 결단까지 새롭고 합리적인 선택을 할 수 있는 법을 배우게 되고 이것은 다른 영역에서도 긍정적인 영향을 미치게 된다.

둘째, 가족의 규칙은 삶의 목적과 방향성에 따라 정하는 것이 좋다.
기독교인들에게 가장 중요한 삶의 목표는 하나님의 말씀에 따라 사는 것이어야 하므로 가족의 규칙을 정할 때 성경과 부합되는 것인지 염두에 두고 정해야 한다. 성경에 따른 규칙은 자녀들에게 올바른 가치를 배우게 하며 효율적인 습관과 행동 패턴을 가지도록 돕는 것이다.

셋째, 가족의 규칙은 남녀노소 할 것 없이 가족원 모두 지켜야 한다는 전제하에 만들어야 한다.

가족 규칙은 자녀들에게만 강요할 것이 아니라 부모가 먼저 규칙을 지키는 모범을 보이고 자녀에게도 따르도록 권면해야 잘 지켜진다. 부모가 일방적인 권위주의를 가지고 강요한다면 그 규칙은 내면화되지 않고 형식적으로 될 가능성이 높다.

넷째, 가족의 규칙은 가족 생활주기와 발달 단계, 그리고 가족의 상황에 따라 융통성 있게 조정하는 것이 좋다.

가족들은 새로운 상황에 처하였을 때, 새로운 관점을 가질 수 있으며, 새로운 대처방식에 초점을 맞추어 삶에 적절한 대처능력을 키워갈 수 있다. 따라서 가족의 규칙이 합리적인 바탕위에 세워져야 하지만 필요한 경우에는 기본적인 원리는 간직하되 현실 상황에 맞게 규칙을 재구성하려는 유연성이 필요하다.

마지막으로, 일관성이 있어야 한다.

부모가 일관성 없이 기분에 따라서 원칙과 기준이 달라지면 자녀는 어떻게 행동해야 할지 갈피를 잡을 수 없게 된다. 일관성과 원칙이 있는 교육은 자녀에게 안정감을 주며 삶의 방향을 갖게 한다. 만일 부득이하게 가족의 규칙을 바꿔야 한다면 왜 내용을 바꾸게 되었는지, 충분히 설명하고, 자녀의 동의를 구해야 한다.

건강한 가족은 분명한 명령 체계를 갖는다. 그러나 일단 정해진 규칙은 일관성 있게 적용된다. 부모는 함께 통제력을 행사하지만 권위적이거나 강압적이지 않다. 건강한 가족의 부모들은 집안에 전해 내려오는 가족 문화의 가장 좋은 부분을 자녀에게 물려주며 동시에 가족원들의 의견을 수렴하여 독특한 문화를 형성해 간다.

훈계의 원칙

가족이 합리적인 규칙을 가질 뿐 아니라 훈계할 때도 원칙을 가지고 하는 것이 바람직하다. 가정에서 훈계할 때 지켜야 할 원칙으로 다음의 일곱 가지를 제안한다.

첫째, 부부가 훈계의 원칙에 합의해야 한다.
만일 부부의 교육철학이 다르면 자녀 양육은 좋은 효과를 기대하기 어렵다.

둘째, 자녀의 잘못된 행동을 먼저 살펴보고 난 다음에 책망한다.

자녀가 잘못을 했을 때 그가 악한 동기로 했다면 마땅히 책임을 물어야 하지만 선한 의도로 할 행동이었는데 부모가 충분히 알아보지 않고 책망한다면 자녀는 억울해 할 수 있다.

셋째, 불순종의 한계와 책임을 분명히 설정해준다.
어디까지 허용이 되고 어디까지 허용이 되지 않는지 부모가 명확하게 선을 그어주어야 한다. 그 때 자녀는 한계 안에서 자유와 책임을 지게 될 수 있다.

넷째, 훈계는 단둘이서 해야 한다.
그것이 자녀를 인격적으로 존중하는 것이다. 하나님의 형상으로 지음 받았다는 것은 하나님의 왕권을 부여받았다는 뜻도 포함한다. 자녀를 책망할 때 그의 인격을 존중하면서 책망해야 한다.

다섯째, 잘못했을 때는 분명하게 말과 행동을 제한하거나 특권을 보류한다.
인간의 본성은 악하다. 그래서 어릴 때 악한 의지를 꺾어야 한다. 감정적으로 혼내지 말고 온유함으로 일관성 있게 악한 생각은 꺾어주고 선한 생각을 계속 불어 넣어야 한다.

존 웨슬리의 어머니 수잔나는 이렇게 대답했다.

"나는 아이들의 머리가 크기 전, 다섯 살이 되기 전에 아이들의 악한 의지를 꺾어서 주의 말씀 앞에 복종하는 아이가 되도록 만들었습니다."

여섯째, 잘못한 것에 대해 스스로 책임을 지도록 이끌어 준다.

일곱째, 오해한 일이 있으면 솔직히 사과한다.
사과는 절대로 부모의 체면을 깎는 일이 아니다. 사실에 대한 솔직한 인정은 오히려 부모와 자녀 사이를 더 건강하게 만들어 준다.

합리적인 규칙과 훈계가 있는 가족

11 갈등을 해결하는 가족

일반적으로 갈등에 대한 오해가 있다. 좋은 인간관계에는 갈등이란 전혀 존재하지 않는다는 생각이다. 또한 가족 내에 갈등이 있다는 것은 어떤 장벽이 가족의 행복을 가로막고 있다고 잘못 생각하는 것이다. 신뢰롭고 깊은 인간관계는 갈등이 없는 관계가 아니라, 갈등을 극복해 나갈 때 이루어지는 것이다. 이것은 부모와 자녀 관계, 부부 관계에도 마찬가지다. 아무리 사랑하고 서로를 신뢰한다 하더라도 우리들은 모두 연약한 죄인이며 자기중심성이 있기 때문에 갈등을 겪을 수밖에 없다.

갈등에 처했을 때의 자세

건강한 가족은 갈등이 일어날 때 문제를 해결해가는 과정에서 현실을 직시하고 문제를 해결해가야 하는데 다음은 갈등에 처했을 때의 바람직한 행동양식이다.

첫째, 자신의 문제해결 방식이 어떠한지 점검해본다.

사람들은 갈등이나 문제가 생겼을 경우, 대처하는 방식이 다 다르다. 그리고 그 대처방식이 옳은지 그른지, 합리적인지 비합리적인지, 효과적인지 비효과적인지 파악하여 대처하기보다 그저 몸에 익은 방식대로, 습관적으로 대처하는 경우가 대부분이다. 그러므로 내가 갈등상황이나 스트레스에 처했을 때 어떻게 대처하는지 먼저 살펴봐야 한다.

그후에 잘못된 방식을 효과적인 대처방식으로 바꾸기 위해 새로운 방식으로 훈련하는 자세가 필요하다. 자신이 현재 하고 있는 대처방식은 쉽게 바뀌지 않으므로 많은 노력과 시간이 필요하다는 자세를 가지고 현재 비효과적인 방식으로 대처하고 있는 것이 무엇인지 성찰하고 갈등을 어떻게 건설적으로 해결할 수 있는지 그 대안을 알기 위해 애써야 한다.

둘째, 먼저 좋은 관계, 신뢰의 관계를 만든다.

가족 간에 갈등이 일어났을 때 문제를 해결하기 위해서는 서로 신뢰가 형성되어 있어야 한다. 신뢰가 형성되지 않은 상태에서, 어느 한 사람이 문제를 해결하거나 갈등을 풀려고 해도 문제는 잘 해결되지 않는다. 설령 갈등이 해결되었다 하더라도 어느 한 쪽은 속으로 분노가 쌓일지도 모른다. 그러므로 갈등을 해결하기 원한다면 먼저 신뢰를 형성할 준비가 되어 있어야 한다.

신뢰 형성에 가장 좋은 방법은 평소에 상대방에 대하여 지지와 격려, 칭찬을 하는 것이다. 이때 조건적인 칭찬이나 기대가 들어 있는 칭찬은 좋은 방법이 아니다. 예를 들어 부모가 자녀에게 '너는 훌륭한 사람이 될 거야.'라고 말하면 자녀는 이것이 부담이 되어 부모의 기대대로 살려고 한다. 그러다가 자녀 편에서 부모의 기대대로 살지 못한다는 생각이 들면 자기를 비난하거나 부모와 거리를 두고자 하는 등의 방어가 일어나게 된다. 그래서 부모는 자녀를 칭찬할 경우, 구체적으로 잘한 점에 대해서 칭찬하는 것이 바람직하다.

"주홍글씨"의 작가 나다니엘 호손을 세상에 내놓은 사람은 그 아내 소피아였다. 나다나엘이 어느 날 자신이 일하던 세관에서 해고를 당했다. 상심하여 집으로 돌아와 아내에게 자신이 무능력하여 해고당했다고 말하자 아내 소피아는 기쁨의 탄성을 지르며 이렇게 말했다.

"이제부터 당신은 책을 쓸 수 있게 되었어요!"

그러나 글을 쓰는 동안 무슨 돈으로 먹고 살 수 있겠느냐는 나다니엘의 탄식에 그의 아내는 서랍에서 상당한 액수의 현금을 꺼냈다. "그 돈은 어디서 난 거요?" 남편의 질문에 아내는 "난 당신이 천재라는 사실을 한 순간도 잊지 않았어요. 당신이 언젠가 위대한 작품을 쓰게 되리라는 걸 알았어요. 그래서 당신이 생활비로 준 돈에서 조금씩 떼어 놓았었죠. 이 돈이면 일 년은 충분히 살 수 있어요."라고 대답하는 것이었다.

그녀의 신뢰와 확신과 격려로부터 미국 문학에서 가장 위대한 소설 중 하나인 '주홍글씨'가 탄생된 것이다.

셋째, 승승(win-win)의 관계가 되도록 한다.

부모와 자녀의 관계에서 일반적으로 부모가 자녀보다 더 큰 '심리적 크기'를 가지고 있다. 그래서 자녀들은 그들의 부모를 더 크고, 더 힘센 존재로 지각하고 있다. 자녀들에게 부모는 모르는 것이 없고 못하는 일이 없는 사람으로 보인다. 그래서 자녀들은 그들의 부모에게 의존하게 되는데 어떤 부모는 자신의 힘을 이용하여 자녀들을 비인격적으로 통제하기도 한다.

부모가 힘을 가지고 자녀들을 소유하고 통제할 때 자녀는 실패감을 느끼고 낮은 자존감을 가지게 된다. 부모-자녀 간의 갈등 해결을 이기고(승) 지는(패) 견지에서 생각하면 자녀는 자율성을 잃어버리거나, 반항하거나, 수동공격적인 아이가 된다.

자녀를 이기려는 어떤 어머니는 다음과 같이 말한다.

"딸이 어떻게 느끼든 나는 상관하지 않습니다. 다른 부모들이야 어떻게 하든 나에겐 상관이 없어요. 우리 딸은 그 누구도 짧은 치마를 입을 수 없습니다. 이 싸움에서는 내가 꼭 이기고 말지요."라고 힘주어 말했다.

이런 부모를 둔 자녀는 부모가 자기를 이기려는 태도에 대처할 다른 전략을 가지고 있다.

"나는 무엇이 필요할 때 어머니한테 절대 가지 않습니다. 어머니는 '안 돼'라고 말하시니까요. 그래서 아버지가 돌아오실 때를 기다려 아버지를 내편으로 만들면 됩니다. 아버지는 내가 원하는 것을 잘 들어 주시거든요."

가족관계는 이기고 지는 관계가 아니라 서로 이기는 관계가 되어야 한다. 부모가 자녀를 이기려 하면 이것은 결국 둘 다 지는 관계가 된다. 부모-자녀간의 갈등이 이기거나 지는 승패적인 관계로 될 때 갈등은 해결될 수 없다.

넷째, 정직하고 진실한 태도를 취한다.

대화할 때 자기 마음을 아무리 숨겨도 본심은 절대 감춰지지 않는다. 상대방에 대한 분노를 숨긴다 하더라도 목소리, 태도, 눈빛, 얼굴 표정, 몸짓 등을 통해 모두 드러난다. 형식적이고 위선적인 태도와 분위기도 상대방은 느낄 수 있다. 그러므로 부정적인 생각이 들고 불이익을 당한다 하더라도 자신의 마음을 용기를 내어 진실하게 표현하도록 하라.

다섯째, 상대를 바꾸려하지 말고 수용하려는 태도를 가진다.

부부 관계에서 배우자가 내 맘에 안 드는 행동을 할 때 흔히 우리는 배우자를 변화시키려 한다. 그들은 배우자의 가치관, 태도, 좋아하는 것, 싫어하는 것, 흥미, 성격의 일면을 바꾸려 한다. 부모 자녀 관계도 마찬가지다. 부모는 자녀를 사랑하고 잘되기를 바라는 마음 때문에 '너 잘되라고 잔소리 하고 혼내는 것이다.'라고 말을 하지만 자녀들에게 이 말은 폭력이요 강압인 것이다.

부모나 힘이 센 배우자가 이 생각을 수정하기 전에는 가족 간의 갈등을 좁힐 수 없다. 갈등을 해결하기 위한 여러 전략을 익히는 것도 좋지만 무엇보다 중요한 것은 상대방이 자녀이든, 배우자이든 나와 같은 동등한 인격을 가진 존재라는 의식과 함께 인격적인 태도를 갖는 것이 먼저 선행되어야 한다.

인간은 누구나 남이 나를 바꾸려 할 때 저항하게 되어 있다. 남이 나를 바꾸려 하면 적개심과 거절당하는 기분을 느끼게 마련이다. 상대방이 나를 바꾸려 할 때 순응하는 것은 건강한 인격이 아니다. 적당한 제안이야 유용하고 유익할 수 있지만, 변화에 대한 집요한 요구는 내 인격을 무시하고 조종하고 통제하는 행위이기에 인격적 감각이 있는 사람이라면 정중히 거절해야 한다.

회사에서 어떤 상무가 회장에게 중요한 회사 안건에 대해 결재를 맡으러 갔는데 회장이 몇 가지를 질문하고 설명을 들은 뒤 사인을 해 주었다. 상무가 회장에게 "회장님, 이 중요한 안건을 좀 더 검토해 보셔야죠. 이렇게 빨리 결재하십니까?"라고 물으니까 회장이 이렇게 대답했다. "김 상무가 해온 것은 보증수표였지! 나는 자네가 하는 일은 전혀 불안하지가 않아. 자네는 우리 회사의 보배야. 또 이 일은 자네가 오래 전부터 야심차게 준비해 온 일이잖아. 한번 해 보라구." 이 말을 들은 상무는 그 회장에게 목숨 바쳐 충성하고 싶은 마음이 차오르게 되는 것이다.

문제 해결 과정과 방법

실제로 문제를 해결하는 방법과 전략을 많이 익혀두어야만 문제를 효과적으로 해결할 수 있는데 다음은 문제를 해결하는 과정과 방법을 정리한 것이다.

첫째 : 문제에 대한 정확한 파악

가족 간에 갈등이나 문제가 발생한 경우 먼저 문제가 무엇인지 정확하게 파악하는 것부터 해야 한다. 그리고 문제가 어떤 요인 때문에 발생한 것인지에 대하여 분명하게 파악해야 한다.

어떤 상담자가 열두 살 소녀를 상담했다. 그 아이는 정원 앞 연못에 옷을 입은 채로 매일 빠졌다. 그런 행동이 여름에는 물론 추운 겨울에도 계속 이어졌다. 달래고 위협해도 아이는 멈추지 않았다. 어머니는 결국 아이가 '도무지 말을 듣지 않는 고집불통에다 겁도 없는 아이'라고 하소연하면서 상담을 요청했다. 그런데 한 가지 이상한 점은, 아이가 이상행동을 하는데도 아버지가 줄곧 침묵을 지키고 있다는 것이다.

상담을 통해 숨겨진 사실이 밝혀졌다. 아이는 아버지에게 성폭행을 당하고 있었다! 차가운 강물에 뛰어드는 아이의 행위는 자신의 수치심과 분노, 증오를 '얼려버리기' 위한 무의식적 노력이었고, 오염된 자기 몸을 정화하기 위한 몸부림이었다.

가족 간에 갈등이 생겼을 때에는 그 문제를 둘러싼 감정의 '무게'를 주의 깊게 살펴야 한다. 그것은 말이 아니라 행동으로 나타난다. 얼굴표정, 목소리의 음색이나 크기, 신경에 거슬리는 버릇, 시선, 자세나 몸짓 등이 어색하거나 부자연스럽다면 정서적 문제가 있는 것이다. 그런 요소를 통해 가족 문제의 심각성이 드러나기 때문에, 행동 뒤에 숨어 있는 감정을 파악하기 위해 노력해야 한다.

"우리 엄마, 아빠가 하던 것과 똑같네."

어떤 말이나 행동을 하다가 문득 이런 말이 자기도 모르게 튀어나온 적이 있을 것이다. 불같이 성질을 내고, 비꼬는 말투로 꾸짖고, 욕을 하고, 남과 비교하고, 협박하는 등 어릴 적 부모가 당신에게 했던 행동을 그대로 아이에게 되풀이하고 있는 등 부모의 삶을 반복하고 있다는 느낌을 받고는 놀란 적이 있을 것이다.

부모에게 상처를 받은 자녀가 커서 부모가 되면 자기 자신도 모르게 다시 상처를 주곤 하는데 그 이유가 바로 가족 관계의 패턴이 당신에게 익숙하기 때문이다. 그리고 좀 더 깊은 다른 이유는 고통스런 관계를 반복함으로써 어린 시절에 풀지 못한 문제를 어른이 되어 다시 해결하고자 하는 무의식(이마고)이 작용하기 때문이다. 그런데 불행히도 그 희생자는 당신이 가장 사랑하는 가족 중 특히 연약한 아이일 경우가 많다.

때로는 부모가 하던 방식과 정반대로 행동하는 사람도 있는데, 이것 역시 건강한 패턴이 아니며 가족에게 해가 되기는 마찬가지다. 이처럼 상처받은 어린이가 다시 상처를 주는 부모가 되는 악순환의 고리를 끊기 위해서는 하나님의 사랑으로 회복되는 꿈을 꾸어야 할 것이다. 내가 변화의 사람이 되어 행복할 수 있다면, 그래서 내 자녀와 내 주변의 사람을 행복하게 만들 수만 있다면, 그 길이 아무리 힘들고 어려워도 도전할 가치가 있지 않겠는가?

둘째 : 갈등에 대해 소통하기

갈등을 해결하려는 수많은 노력이 이 두 번째 단계에서 잘 넘어가지 못하는 경우가 많다. 그 이유는 의사소통 능력이 부족해서 그런 것이다. 의사소통능력이 부족하면 문제가 무엇인지 제대로 파악했다 하더라도 흐지부지 끝나버리거나, 상대방을 흉보거나 비난하고 불평하는 등의 부정적 태도를 취함으로써 문제가 더 악화된다.

이 단계에서는 의사소통능력이 절대적으로 필요하다. 의사소통능력이 없으면 다음 단계로 나아갈 수가 없다. 그러므로 내가 하고 싶은 말을 하겠다는 자세를 줄이고, 상대방의 말을 듣겠다는 결심과, 어떤 이야기를 하더라도 판단하지 않겠다는 자세를 가지고 심정대화방법으로 대화를 해 나가야 한다. 만약에 대화능력이 부족하다면 도와줄 수 있는 사람을 찾아가 상담하는 것이 좋다.

셋째 : 솔직한 의견 나누기

서로 간에 문제가 무엇이었으며, 서로의 마음과 생각을 충분히 나누었다면 그 다음 단계는 서로의 의견을 솔직하게 나누는 것이 필요하다. 이것을 브레인스토밍이라고 하는데 이 방법은 갈등 해결에 있어 가장 창의적이고 역동적인 방법이다. 가족이 한자리에

모여 갈등을 해결하기 위해 무엇이든 머릿속에 떠오르는 대로 이야기하는 토론 방식이다. 말을 하고 근거를 댈 수 있는 나이가 된 가족은 모두 참여해야 한다.

브레인스토밍 중에는 다른 이의 의견이 하찮고 우습게 여겨져도 판단하거나 조롱해서는 안 된다. 상대방의 의견에 판단을 내리는 순간, 그 다음 단계로 나아갈 수가 없다. 어느 누구도 웃음거리가 되거나 창피당하지 않도록 조심하면서 "그걸 말이라고 하냐?" "바보 같은 소리!"와 같은 말이 나오지 않도록 해야 한다.

이 자리에서 제시된 의견은 모두 가치 있으며, 어떤 의견을 내놓아도 격려하고 칭찬해줘야 한다.

넷째 : 타협해서 결정하기

문제 해결 단계에 있어 어찌 보면 가장 어려운 단계가 될 수 있다. 가족 간의 의견이 다르고 생각이 다른데 모든 이들이 만족하는 해법을 찾기란 어렵다. 그래서 자기 생각이나 의견만 고집하는 경우, 타협책을 찾기가 어렵다.

해결책을 찾는 과정에서 필요한 것이 가족의 원칙이다. 가족의 원칙이 미리 정해져 있지 않으면 여러 의견들을 모아서 하나로 결정하기가 어렵다. 아직 가족의 원칙이 없다면 문제를 해결해나가는 과정에서 하나씩 만들어가야 한다. 그리고 그 원칙을 고려하면

가족치료관점에서 본 성경의 가족이야기

서 해결책을 결정해야 한다.

예를 들어, 형과 동생이 다투어 서로의 의견이 다른 경우, "서로 의견이 다른 경우에는 어른의 의견을 먼저 존중한다."와 같은 원칙이 있으면, 형의 의견을 먼저 존중한 다음에 동생의 의견을 따라 주는 방식으로 해결할 수 있다. 또한 동생이 불만이 있다하더라도 원칙을 따르도록 하는 것이 가족의 화목을 위해 도움이 된다. 이때 양보를 한 동생에게 칭찬과 보상을 해 준다면 서로 윈윈의 관계로 나아갈 수 있다. 이 단계에서는 앞에서 말한 '갈등에 처했을 때의 자세'를 상기시키면서 문제를 해결해 나가도록 하자.

다섯째 : 타협이 잘 안되는 경우 다시 대화하기

실행은 가장 중요한 단계이다. 실행이 본격적으로 되면 다음과 같은 의문을 가져야 한다. '선택한 해법이 가족 갈등을 푸는 데 과연 효과가 있는가?'

선택한 해법이 가족 모두에게 도움이 된다고 판단이 되면 이 단계에서는 개개인에게 실행 계획에 따른 책임을 나누고, 정기적으로 시간과 장소를 정해 가족모임을 갖는다. 그러면서 계속 실행하도록 서로 지지하고 격려하며, 진행 상황을 평가하고 예상치 못한 문제가 생겼을 때 토론한다.

실행이 잘 안 되는 경우가 있다면 왜 잘 안 되는지 다시 대화를 해야 한다. 가족이 진심으로 노력하고 있음에도, 별다른 변화가 일어나지 않는 경우가 있다. 좀 더 시간이 필요할 수도 있지만, 목표가 비현실적일 수 있다. 또한 실행 방향이 잘못되었을 수도 있다. 그렇다면 앞의 2단계나 3, 4단계로 돌아가서 새롭게 문제를 해결해 나가야 한다. 마지못해 행동으로 옮기거나, 처음에는 제대로 하다가도 얼마 못 가 흐지부지되는 경우라면 다시 앞의 네 번째 단계로 돌아가서 다시 대화를 해야 한다.

새로운 해법을 실행해도 변화가 일어나지 않는다면, 지금 풀고자 하는 문제가 진짜 문제가 아닐 수도 있다. 훨씬 더 깊은 정서적 문제가 숨어 있는지 다시 살펴봐야 한다. 이때는 1단계부터 다시 시작해서 진짜 갈등이 무엇인지 파악해야 한다.

12 성경적 가치관을 내면화하는 가족

건강한 가족은 하나님을 가장 우위에 두고, 부부관계가 가족의 최우선 순위가 되는 것에서 시작된다. 집을 지을 때 건축가에게 의뢰하듯이 결혼에 있어서도 결혼의 설계자요, 건축가이신 하나님께 맡길 때 우리의 결혼생활은 성숙하고 아름답게 될 것이며, 우리의 삶도 성령 충만할 수 있을 것이다. 행복한 결혼을 위해서는 부부 모두 하나님을 주인으로 모시고 사는 자세가 선행되어야 한다.

'모든 인간의 마음속에는 하나님만이 채워 줄 수 있는 빈 공간이 있다.'

'하나님만이 나의 필요들을 채워주신다.'는 것은 하나님께서 나의 필요를 남편을 통해 채워주실 수도 있고, 또 다른 필요들은 친척들이나 친구 또는 자녀들을 통해 채워주기도 하신다는 것을 의미한다. 즉 하나님께서 배우자를 통해 동반자 의식, 위안, 애정, 기쁨이라는 필요를 채워주기로 계획하셨다면 다른 방법으로는 그 일을 하지 않으실 것이다. 그러나 혹 남편이 내 필요를 채워주지 못할 때는 다른 방법으로 채워주실 것을 믿으라는 것이다. 만약 배우자가 나의 행복을 책임져 주리라는 욕망으로 만나 결혼하여 배우자에게 자신의 생존을 의존하게 된다면 결혼생활은 고통과 아픔으로 끝날 것이다.

프란시스 쉐퍼와 그 부인 에디스 쉐퍼는 기독교를 파괴하는 어떤 모임에서 기독교를 옹호하는 사람으로 참석하여 처음 서로 만났다. 두 사람은 그리스도에 대한 비전을 서로 확인하면서 매력을 느꼈고, 결혼하여 40년 이상을 행복하게 함께 살았다.

두 사람은 결혼한 후 가정을 개방하여 스위스 로잔에 라브리를 시작하게 되었다. 많은 사람들이 이곳을 찾으면서 쉼을 얻고 기독교 진리에 대해 토론하며 공부하게 되었다. 이들 부부는 가정을 열어 사역하기 때문에 쉽게 지치거나 피곤하여 서로에게 소홀할 수 있었다. 그러나 이들은 아무리 지치거나 피곤해도 서로에게 소홀하거나 다투지 않고 늘 사랑으로 감당해왔다.

사람들이 그 비결을 물을 때 그들은 웃으며 "우리는 서로를 보고 사는 것이 아니라 함께 손에 손을 맞잡고 그리스도를 바라보고 살아간답니다."라고 대답하였다. 그들은 함께 하나님을 바라보며 서로 돕고 감사하고 사랑하는 멋진 부부였다. 진정으로 하나된 부부는 엄청난 힘을 가지게 된다. 그들은 남편, 아내 합하여 둘이 아니다. 그들은 넷이 될 수도 있고, 혹은 백, 천, 만, 상상할 수 없는 놀라운 영향력을 미치게 되는 것이다.

결국 부부생활이 온전해지고 매일 아름다워질 수 있는 비결은 하나님께 달려있음을 알아야 한다. 이것은 결혼 생활뿐 아니라 우리의 모든 인생에도 적용되는 원리이다. 하나님의 은혜는 영원히 마르지 않는 샘과 같기 때문이다.

빌리 그래함 목사님의 사모님인 룻 그래함은 이렇게 말했다.
"남편을 사랑하는 것은 저의 일이고, 남편을 변화시키는 것은 하나님의 일입니다."
배우자의 부족한 점을 내가 고치려고 애쓰지 말고 하나님께 맡기라. 그리고 서로 사랑하며 하나되기 위해 힘쓸 때 하나님이 기뻐하시는 부부가 되어갈 것이다.

부모로서 자녀에게 줄 수 있는 가장 최고의 선물은 자녀에게 하나님을 알고 하나님의 뜻에 따라 사는 것이 가장 귀한 삶임을 알려주고 삶으로 직접 보여주는 것이다. **이때 자녀들은 하나님의 뜻이 가장 소중하다는 것을 마음 깊이 내면화하면서 자신의 것으로 삼을 수 있다.**

기독교 변증론자인 조쉬 맥도웰은 이 시대의 도덕 불감증의 심각성을 이렇게 묘사하고 있다.

"이 세대가 부정직과 불신앙과 성적 문란과 폭력과 자살에서 신기록을 수립하고 있는 가장 중요한 원인 중에 하나는 자신들의 도덕적 지주를 잃어버렸기 때문이다. 즉 도덕과 진리에 대한 그들의 근본적인 믿음이 쇠퇴했기 때문이다."

이 세상의 가치관은 점점 타락해가고 있다.

"내가 옳다고 생각하는 것은 무엇이든지 다 옳으며 절대적인 것이란 없다. 스스로 인생의 규칙을 만들어라. 그것이 좋다고 느껴지면 그냥 해라."

자신의 욕망과 이기심을 부추기는 이런 유의 철학과 잘못된 사고가 득세하고 있다. 이런 그릇된 철학의 홍수는 우리의 어린이와 젊은이의 생각과 가치관을 휩쓸고 지나가 결국에는 비참한 패배를 안겨 줄 것이다.

우리는 부모로서 우리의 자녀들을 이러한 영향력으로부터 어느정도는 보호할 수 있다. 하지만 그들의 머릿속에 들어가는 모든 것을 통제할 수는 없다. 이 세상의 사고방식으로부터 그들을 완전히 차단할 수는 없다. 세상적인 생각이 그들의 감수성에 영향을 주더라도 그 물살을 막을 수 있는 힘은 바로 하나님의 말씀이다. 성경은 우리 자녀들에게 유산으로 전해 줄 영원한 진리다.

그러므로 부모가 성경의 진리들을 충실하게 가르치고 이 교훈대로 살아가도록 자녀들을 돕는다면 우리 자녀들은 세상의 홍수 속에서도 안전한 항구를 가질 것이고 확실한 인생 지반을 가지게 될 것이다. 세상적 가치관이 아닌 성경적 가치관대로 살아가는 부모가 있는 그 가족은 가장 위대하고, 가장 안전하며, 가장 행복한 가정인 것이다. 왜냐하면 그 가족은 하나님이 지키시고 보호하실 것이기 때문이다.

성경은 이렇게 약속하고 있다.

"너희 안에서 착한 일을 시작하신 이가 그리스도 예수의 날까지 이루실 줄을 우리는 확신하노라(빌 1:6)."

"너희 안에서 행하시는 이는 하나님이시니 자기의 기쁘신 뜻을 위하여 너희에게 소원을 두고 행하게 하시나니(빌 2:13)."

성경적 가치관을 내면화하는 가족

맺는 말

성경 속의 가족들이나 우리의 가족이나 다 문제가 있고 아픔이 있고 어려움이 있다. 그러나 성경의 말씀을 적용하며 살아가려고 할 때 회복이 있고 아름다운 가정이라는 열매가 맺히게 된다. 이것이 우리의 소망이다.

그럼에도 불구하고 인간은 죄인이기에 죽는 날까지 인격의 완성은 될 수 없듯이 우리의 가족 역시 완전해질 수는 없다. 그러므로 우리는 끊임없이 서로를 용서하고 품고 인내하며 하나님의 은혜를 구해야 한다. 이러한 과정에서 나 자신의 부족함을 계속 발견하면서 은혜 안에 변화의 길을 꾸준히 걸어가야 한다. 그 변화의 길이란 새로운 습관을 계속 연습하는 것이다.

학자들은 뇌를 연구하면서 새로운 습관을 만드는 것이 뇌인 것을 알게 되었다. 그러면 뇌가 보통 새로운 습관을 만들려면 며칠 정도 걸릴까? 21일 정도의 기간이 걸린다고 한다. 어떤 행동을 21일간 반복하게 되면 뇌에서 새로운 시냅스의 길이 만들어진다. 이렇게 뇌에서 그 습관을 받아들이면 그 다음부터 뇌가 저항하지 않고 자연스럽게 그 행동을 반복하게 되는 것이다. 이것은 뇌에 새로운 길이 만들어진 것인데 이것이 우리의 성격이 되는 것이다.

그래서 유명한 뇌신경학자 조지 루드는 '인간 뇌 속에 시냅스 연결이 변화하면 그 사람의 인격, 즉 성품도 변할 수 있다'라고 이야기한다. 그래서 21번 같은 개념을 지속적으로 자극할 때 우리의 생각과 성품이 변화되면서 인생을 바꿀 수 있는 것이다.

우리는 알게 모르게 부모의 삶을 닮게 된다. 중요한 것은 이런 삶의 유형을 수정할 수 있는 용기와 도전의식이 있는가 하는 것이다. 이를 위해 먼저 자신이 부모의 삶 가운데 부정적으로 되풀이하고 있는 모습이 무엇인지 자각할 수 있어야 한다.

우리가 산을 올라갈 때 힘들고 어떤 때는 심장이 터질 것 같은 고비가 있지만 그 힘든 것을 극복하면 정상에 오르는 기쁨을 누린다. 우리가 어떤 수준에 오르기 위해서는 내가 죽는 것 같은 고비를 넘어야한다. 우리가 최고의 인격, 최고의 축복을 얻기 위해서는 최고의 대가지불을 해야 하는 것이다. 하나님이 우리에게 주신 비전과 목표를 위해 목숨 걸고 헌신할 때 인생이 가장 행복하고 보람있고 의미있게 된다.

나는 이 책을 읽는 우리 모두가 이런 행복의 열매를 맺기를 소원한다.

참고 문헌

고병인. 「중독자 가정의 가족치료(역기능 가정 성인아이 치유의 기독교적 접근)」. 서울: 학지사. 2003.

김유숙. 「가족치료: 이론과 실제」. 서울: 학지사. 1998.

김혜숙. 「가족치료 이론과 기법」. 서울: 학지사. 2003.

남명자. 「부모의 양육태도와 아동의 성격장애」. 서울: 학지사. 2006.

송성자. 「가족과 가족치료 2판」. 법문사. 2004.

심수명. 「정신역동상담」. 서울: 다세움. 2018.

심수명. 「한국적 이마고 부부치료」. 서울: 다세움. 2013.

심수명. 「위대한 부모 위대한 자녀」. 서울: 다세움. 2012.

심수명. 「그래도 삶은 소중합니다」. 서울: 다세움. 2008.

심수명, 유근준. 「어머니학교」. 서울: 다세움. 2016.

유근준. 「대상관계상담」. 서울: 다세움. 2014.

이정애 편저. 「기쁘지 아니한 家」. 개마고원. 2013.

최범식. 韓國心理學會誌: 常談과 心理治療. The Korean Journal of Counseling and Psychotherapy. 1999. Vol. 11. No. 2.

한기연. 「나는 더 이상 당신의 가족이 아니다」. 씨네21북스. 2012.

Dolores Curran. 최도형 역. 「건강한 가정을 원하십니까?(Traits of a Healthy Family)」. 엘맨출판사. 1994.

Donald Winnicott. 「성숙 과정과 촉진적 환경(The Maturational Processes and the Facilitating Environment: Studies in the Theory of Emotional Development)」. 이재훈·이해리 역. 서울: 한국심리치료연구소. 2000.

Everett. L. Washington. 「부부상담(Marriage Counseling)」.김병오 역. 서울: 한국장로교출판사. 2001.

Edith Sheffer. 「가정이란 무엇인가?(What is a Family?)」. 양은순 역. 서울: 생명의 말씀사. 2000.

Harville Hendrix, "Getting the Love You Want." New York: An Owl Book. Henry Holt Company. 1988.

Jack O. Balswick, Judith K. Balswick. 「크리스쳔 가정(The Family)」. 황성철 역. 서울 : 두란노. 1995.

Jack Balswick & Judy Balswick, Boni Piper & Don Piper. 「긍정적인 관계가 자녀의 잠재력을 깨운다(Relationship-empowerment parenting)」. 박은주, 홍인종 역. 디모데. 2005.

Michael P. Nichols & Richard C. Schwartz. 「가족치료-핵심개념과 실제 적용(Family Therapy: Concepts and Methods」. 김영애 외 역. 서울: 시그마프레스. 2005.

Nick Stinnett, Donnie Hilliard and Nancy Stinnet. 「9만 년의 행복한 결혼 이야기(For Couples)」. 윤종석 역. 성남 : 도서출판 NCD. 2002.

Nick Stinnett, & James Walters & Nancy Stinnett. Relationships in Marriage and the Family. New York: Macmillan. Bookmark. 1991.

Salvador Minuchin. Family Therapy. Cambridge: Massachusetts. Harvard University Press. 1974.

Sandra Konrad. 「나의 상처는 어디에서 왔을까」. 박규호 역. 북하우스. 2014.

Satoru Saito. 「우리 가족은 정말 사랑한 걸까」. 이서연 역. 한문화. 2011.

Tim Sledge. 「가족 치유 마음 치유(Making Peace with Your Past)」. 서울: 요단출판사. 2011.

Tony Humphreys. 「아는 만큼 커지는 가족의 심리학(Leaving the Nest)」. 윤영삼 역. 다산북스. 2006.

저자소개

심 수 명 (Ph.D., D.Min.)

한밀교회를 개척하여 상담목회를 적용하고 있는 저자는 상담 전문가이며 신학과 심리학, 상담과 목회현장을 아우르는 학자이며 목회자입니다. 저자는 치유와 훈련, 목회를 마음에 품고 한 영혼의 전인적인 돌봄, 부부관계 회복, 비전있는 자녀교육, 건강한 교회 세움, 상담전문가 양성 등에 헌신해 왔습니다. 또한 제자훈련 시리즈, 목회를 위한 교재, 상담 훈련용 교재들을 저술하였습니다.

"기독교 상담적 관점에서 본 정신역동상담"이 문화체육관광부 우수학술도서로 선정되고, [목회와 신학]에서 한국교회 명강사(상담분야)로 선정되는 등 한국교회와 사회에 영향력을 끼쳐 왔습니다.

학력은 안양대와 총신대(신학), 고려대(석사, 상담심리), 미국 풀러신대(목회상담학 박사), 국제신대에서 상담학박사를 취득하였습니다.

상담자격은 한국 목회상담협회 감독, 한국 복음주의 기독교상담학회 감독 상담사, 한국 기독교 상담 및 심리치료학회 감독, 한국인격심리치료협회 수련감독, 한국 가족상담협회 감독으로 활동 중입니다.

여성부 정책자문위원으로 활동했으며, 오랫동안 국제신대 상담학 교수로 사역했습니다. 현재 칼빈대 상담학 교수, 한기총 다세움상담대학원 이사장, (사)한국인격심리치료협회 협회장으로 일하고 있습니다.

● 대표저서
상담목회(도서출판 다세움), 인격치료(학지사), 한국적 이마고 부부치료(도서출판 다세움), 그래도 삶은 소중합니다(도서출판 다세움), 정신역동상담(도서출판 다세움)외 다수.

● 이메일
soomyung2@naver.com / soomyung3@daum.net

● 기관주소
한밀교회 www.hanmil.or.kr
(사)한국인격심리치료협회 www.kppa.ac
칼빈대학교대학원 www.calvin.ac.kr

심수명 교수 도서소개

● **교육상담훈련**
- 인생을 축제처럼(도서출판 다세움)
- 인격치료(학지사)
- 그래도 삶은 소중합니다(도서출판 다세움)
- 감수성훈련 워크북(도서출판 다세움)
- 정신역동상담(도서출판 다세움)

● **목회**
- 인격목회(도서출판 다세움)
- 상담목회(도서출판 다세움)
- 비전과 리더십(도서출판 다세움)
- 상담적 설교의 이론과 실제(도서출판 다세움)

● **소그룹 훈련 시리즈(상담목회를 적용한 소그룹 훈련시리즈)**
- 의사소통 훈련(도서출판 다세움)
- 인간관계 훈련(도서출판 다세움)
- 거절감치료(도서출판 다세움)
- 분노치료(도서출판 다세움)
- 비전의 사람들(도서출판 다세움)

● 결혼·가정 사역
  • 한국적 이마고 부부치료(도서출판 다세움)

  • 부부심리 이해(도서출판 다세움)

  • 행복결혼학교(도서출판 다세움)

  • 아버지 학교(도서출판 다세움)

  • 어머니 학교(도서출판 다세움)

  • 위대한 부모 위대한 자녀(도서출판 다세움)

● 제자훈련 시리즈 전 4권(상담목회를 적용한 제자훈련시리즈)
  • 1권. 제자로의 발돋움(도서출판 다세움)

  • 2권. 믿음의 기초(도서출판 다세움)

  • 3권. 그리스도와의 동행(도서출판 다세움)

  • 4권. 인격적인 제자로의 성장(도서출판 다세움)

  • 전인성숙을 위한 제자훈련 시리즈 인도자지침서(도서출판 다세움)

● 새신자용 교재
  • 새로운 시작(도서출판 다세움)

가족치료관점에서 본
성경의 가족이야기

발행 : 유근준
저자 : 심수명
기획 및 교정 : 유근준
디자인 : 최정민(hispencil)
초판 : 2018. 10. 25
발행처 : 도서출판 다세움
서울시 강서구 수명로2길 88
T. 02. 2601. 7423-4
F. 02. 2601. 7419

총판 : 비전북
경기도 고양시 일산구 장항동 568-17
T. 031. 907. 3927
F. 031. 3905. 3927

정가 : 15,000원
ISBN 978-89-92750-41-7